JULIO ARRAZOLA

CREANDO CONTENIDO DE VIDA

UNA GUIA PRACTICA PARA QUE TUS SUEÑOS SE HAGAN REALIDAD

JULIO ARRAZOLA

CREANDO CONTENIDO DE VIDA

UNA GUÍA PRÁCTICA PARA QUE TUS SUEÑOS SE HAGAN REALIDAD

DATOS BIBLIOGRÁFICOS:

Autor: **JULIO ARRAZOLA**

Título: **"CREANDO CONTENIDO DE VIDA"**
UNA GUÍA PRÁCTICA PARA QUE TUS SUEÑOS SE HAGAN REALIDAD

Primera edición

Registro SENAPI No: **1-703/2022**
Depósito Legal No.: 4-1-1195-2022
Registro ISBN No: **978-9917-0-1686-1**

Diseño e Impresión:
NEXO EDITORES BOLIVIA
Of. Principal y planta industrial:
Colinas de Auquisamaña,
Av las Viscachas No. 15, Calacoto zona sur
Teléfono: (591) 2-2796921
Whatsapp: 72002081 - 72046181
La Paz - Bolivia

Dedicatoria

A mi familia, por creer en mí, por apoyarme, por darme el impulso que necesito día a día para seguir creciendo. A mi amado abuelo… un abrazo hasta el cielo.

CONTENIDO

Capítulo 4.

Capítulo 5.

Agradecimientos

Agradezco a Dios porque me da la oportunidad de crecer diariamente; porque me presentó retos que me llevaron a ingresar en el mundo del coaching, de buscar herramientas para mejorar mi perfil profesional, y algo más grande: de encontrar herramientas que están cambiando mi vida.

Agradezco a mi familia por confiar en mí, por apoyarme para que crea en mí; porque es mi inspiración para superarme, porque está a mi lado pese a las circunstancias.

Agradezco a mi mentor Gonzalo Romero por ser guía de transformación y de realización personal; porque me transmitió, con sabiduría y amorosidad, conocimientos, experiencia y ejemplo; exactamente lo que necesité para ser y dar siempre un poco más.

Prefacio

En la actualidad, existe un denominativo que está liderando; describe a las personas que tienen la capacidad de darle un valor agregado a las cosas por la manera de encarar la realidad. Me refiero a los **"creadores de contenido"** que tienen la habilidad de mostrar lo mejor de un lugar, sacar máximo provecho a una situación y dar el mejor uso a un objeto. Puede que el marketing digital no sea el más grande de nuestros intereses, pero es importante resaltar la esencia del trabajo de estos profesionales que tienen la destreza de observar el entorno con la perspectiva adecuada para obtener lo mejor; de la misma manera se podrá encarar una situación de nuestras vidas.

Los días pueden ser monótonos cuando se vive rutinariamente; las actividades pueden parecer muy fáciles, porque se está ingresando en una zona de confort, ésta es peligrosa, pues evita el crecimiento, destierra la motivación.

Para evitar caer en el tedio es necesario el planteamiento de objetivos personales que nos permitan, paulatinamente, demostrarnos a nosotros mismos de lo que somos capaces encontrando sentido a nuestra existencia; una ruta, una guía para elaborar un plan de acción que nos lleve desde donde estamos hoy hasta donde queremos llegar, a partir de un sueño, cuyo camino esté marcado con una serie de actividades que aviven nuestra convicción de proseguirlo; de mirar hacia el futuro y convencernos de que es posible alcanzar lo que nos propongamos con herramientas valiosas, diseñando nuestro destino, es decir, creando contenido en nuestras vidas.

Introducción

Imaginemos que nuestra vida puede tener el final que decidamos, que podamos tener el trabajo que deseamos, ser dueños de un negocio, viajar por todo el mundo, tener una casa, un auto, lo que sea que represente nuestras máximas aspiraciones. ¿Qué ocurriría si pensáramos qué tan cerca estamos de conseguirlo?, independientemente de la etapa que vivamos, esa cercanía puede ser impredecible, puede que estemos muy jóvenes o mayores, lo más importante, es que todos los sueños pueden realizarse siempre y cuando sigamos el camino correcto. En el momento que decidamos que esas ilusiones se conviertan en objetivos, iniciamos la verdadera carrera en nuestras vidas: luchar por un objetivo, por una meta.

En el momento que consideramos cuáles son los pasos a seguir para alcanzar nuestras metas; precisamente diseñamos ese camino, estamos ya planificando nuestro destino; aplicando en nuestras vidas un plan tal cual lo hacen las grandes empresas, reconocidos artistas, deportistas de élite o directores ejecutivos, y cuando esto ocurre, empezamos a caminar increíblemente, como nunca antes habíamos imaginado; nos damos cuenta de lo que somos capaces, avanzamos con pasos de gigante.

Es así, como en la presente obra se enseñará herramientas prácticas aplicables en nuestras vidas, que nos conducirán hasta la cima soñada y pensada sin límites, sin ataduras, sin prejuicios, sin temores; con la única convicción de dar lo máximo de cada uno para transformarnos y trascender.

Nací en una familia de clase media, mis padres eran muy jóvenes, mi papá había finalizado la secundaria y mi mamá todavía cursaba el último grado. Así, podrán imaginar que no todo fue color de rosas; ese era mi escenario inicial, las condiciones en que llegué al mundo.

Los primeros años, cuentan mis padres, fueron un tanto complicados, ya había nacido mi hermana; tenían dos hijos que alimentar, vestir, educar, sin embargo, siempre tuvieron el compromiso de sacarnos adelante inculcándonos, desde muy pequeños, el valor del respeto, y la importancia de la educación, asumo que esto se debió a que ellos no llegaron a la universidad debido a las circunstancias que les tocó vivir. Para papá y mamá sería un gran logro que yo lo hiciera.

Así transcurrieron muchos años; estudié en la escuela, universidad, me formé en postgrados, etc., y con el tiempo adquirí el gusto y el hábito de la investigación, no pude quedarme con la duda acerca del porqué y para qué de las cosas nuevas que fueron apareciendo, tenía que indagar y en muchos casos imaginar cómo mejorar lo que ya existía, no por nada terminé graduándome en ingeniería.

Ya en mi etapa laborar que inicié en el año 2009, continuando con el tema de la investigación, traté de encontrar la metodología indicada para realizar mejor mi trabajo.

Es así como he pasado los recientes diez años de mi vida, investigando las metodologías más exitosas en cuanto a alcanzar objetivos se refiere en el ámbito personal y profesional. Busco mejorar continuamente, aprendo de mis errores y fracasos, tomo el ejemplo de personas exitosas y felices.

Es así, como en este libro se presenta métodos creados por expertos que ayudaron a muchas personas y empresas a lograr grandes proyectos que, satisfactoriamente, he empleado. Se enseñará herramientas prácticas aplicables en nuestras vidas, que nos conducirán hasta la cima soñada y pensada sin límites, sin ataduras, sin prejuicios, sin temores; con la única convicción de dar lo máximo de cada uno para transformarnos y trascender.

Existen muchas definiciones de éxito, en resumen, puede decirse que es alcanzar un resultado positivo después de hacer investigaciones y optar por acciones; de estudiar la vida de personas exitosas y los resultados que alcanzaron aplicando técnicas.

Al respecto, he creado una secuencia de tres pasos importantes para alcanzar el éxito: primero, establecer un objetivo; segundo, organizar las tareas que esto implica; y tercero, tener la suficiente constancia y disciplina para ingresar en un estado de mejora continua. Para completar cada una de las etapas, se requieren herramientas adecuadas que nos permitan avanzar poco a poco, a continuación, se describirán en los capítulos que siguen.

Capítulo 1.

La raíz de todos los problemas

A partir de la tan trillada frase: "no tengo tiempo", se tomará el ejemplo de los trabajadores de una empresa, si continuamente pasan más tiempo que el que les corresponde desempeñando sus funciones, hay un problema: O no son eficientes en su trabajo, o les están asignando más tareas de las que pueden realizar por día.

Entre otros ejemplos se cita: Si lo que se gana no alcanza para pagar las cuentas, o se está atravesando una crisis económica, o simplemente se está gastando más que lo que se percibe.

Si se está con sobre peso, o existe un problema de salud que debe ser diagnosticado por un médico especialista, o simplemente se está consumiendo más calorías de las que se gasta.

Se menciona estos ejemplos con la intención de que te des cuenta, de que mantenemos problemas en nuestras vidas, simplemente porque no hacemos algo para cambiar la situación por la que estamos atravesando. En otras palabras, si tienes un problema de cualquier índole, ya sea de sobrepeso, económico, en el trabajo o personal, depende únicamente de ti para superarlo. Ahora, aquí va la pregunta ¿Cómo se solucionan los problemas? analizando la raíz y el motivo por el cual se ha llegado a la situación actual; posteriormente se planifica qué hacer para cambiarlo y se organiza el día a día para encontrar la solución.

Entre otras cosas, hay muchas personas que son fanáticas de la miel para acompañar sus postres. Alguna vez pensaste ¿Cómo se obtiene la miel y cuánto trabajo significa su fabricación? Las abejas son seres increíblemente organizados, una comunidad está compuesta por tres categorías de habitantes: La reina, las obreras y los zánganos. Cada colonia tiene solamente una reina, si bien su función principal es reproducirse, el segundo propósito de la reina es organizar y motivar a las obreras para completar el trabajo de la colmena. Las obreras son responsables de la labor pesada, por ejemplo, protección, construcción de panales, cuidado de la reina, limpieza, alimentación de las crías y transformación del néctar en miel, incluso ajustar la temperatura dentro de la colmena por medio de la ventilación con sus alas. Finalmente, están los zánganos, cuyo propósito es fertilizar a las reinas vírgenes.

De acuerdo con el profesor Mario Gallardo, académico del Departamento de Silvicultura y de la Conservación de la Naturaleza de la Universidad de Chile[1]:

> Las abejas son consideradas las más eficientes dentro del grupo de insectos polinizadores porque tienen desarrollado complejos sistemas de comunicación interna entre las obreras de su colmena, siendo capaces de transmitir información sobre abundancia de néctar y sus horarios de producción en las plantas.

Es decir, cada miembro de la colonia tiene su función, cada uno es importante en el desarrollo de la colmena, todos trabajan organizada y efectivamente. Para las abejas solo existe la ferviente premisa de lograrlo; está excluida la posibilidad de fracasar; tienen ese fuerte instinto de desarrollo otorgado tan sabiamente por la naturaleza que las hace impecables y aplicadas.

Ese mismo instinto, se dio a todas las especies que habitan este planeta, y aunque muchas veces cueste creerlo, incluso a los seres humanos. Solo hace falta creer en uno mismo, dejar a un lado los límites que imponen la sociedad, la crianza o el entorno, para darnos cuenta de lo que somos capaces y liberar el máximo potencial que en muchas personas está restringido.

---

1 Francisca de la Vega Planet (2020) Periodista Campus Sur, Facultad de Ciencias Fgorestales y de la Conservación de la Naturaleza, Universidad de Chile. *Las abejas trabajan en equipo con organización y comunicación.* http://www.forestal.uchile.cl/noticias/163628/las-abejas-trabajan-en-equipo-con-organizacion-y-comunicacion.

En particular, la mayoría de los bebés dan sus primeros pasos hacia el final del primer año de edad, de acuerdo con investigaciones de Johnson's® Your Baby and Toddler[2]:

> Algunos niños comienzan directamente a pararse y después caminar, pero muchos comienzan por el gateo, los bebés se convierten en gateadores profesionales, es posible que intenten habilidades tan desafiantes como subir escaleras gateando, desarrollando nociones de altura, profundidad y sentido del equilibrio; son muy inquietos, intentan pararse y dar unos pasos sosteniéndose de un mueble, tomando cada vez más confianza, pronto descubrirán cómo llegar de un extremo al otro de la habitación con ayuda de los muebles para mantener el equilibrio, cada minuto es una aventura, un desafío e insisten tanto hasta que dominan esta habilidad y comienzan a caminar sin ayuda.

A tan temprana edad, empezamos a sentirnos ganadores, porque somos capaces de alcanzar metas, eso no tendría por qué ser diferente en la adultez; lo que ocurre es que descuidamos por completo el sentido del día a día, ingresamos en un piloto automático y en una zona de confort tan perjudicial que nos impide avanzar, desaparece la motivación y cada día puede llegar a convertirse en una tortura.

---

2 Johnson's® (2004) *Your Baby and Toddler from Birth to 3 Years*, DK Publishing Inc. https://www.johnsonsbaby.es/jugar-y-aprender/cuando-empiezan-andar-bebes

Por esta razón es importante plantearnos metas en todas las actividades que realizamos, durante el día, la semana, el año; metas a corto, mediano o largo plazo que nos motivarán para avanzar, y que pueden convertirse en un estilo de vida, generando un ciclo de crecimiento y progreso.

Por otro lado, hay algo que ocurre con nuestras actividades rutinarias, según publicaciones de la National Sleep Foundation[3] un instituto de investigación estadounidense sin fines de lucro con sede en Arlington (Virginia):

> Se reconoce que el dormir está especialmente afectado por el estilo de vida y la salud de cada individuo, las horas de sueño están en función de la edad, es así que un adulto entre los 18 y 65 años debe dormir un promedio de ocho horas por día para mantener un buen estado de salud.

Adicionemos horas de trabajo por día, aunque esto puede variar de acuerdo con las legislaciones de cada país, muchos expertos recomiendan un tiempo de 8 horas diarias para mantener controlados los niveles de estrés y fatiga, es decir, pasarse de ese tiempo durante muchos años seguidos afecta considerablemente a la salud debido a la falta de descanso, sumado todo esto a las 3 horas diarias en promedio que nos toma el trasladarnos de un lugar a otro, alimentarnos y cumplir actividades

3 Redacción BBC Mundo (2015) ¿Cuántas horas necesitamos dormir según nuestra edad? https://www.bbc.com/mundo/noticias/2015/02/150209_salud_horas_de_sueno_dormir_il

relacionadas al hogar, esto también puede variar en función al tamaño de las familias, la cantidad de hijos y la distancia desde el hogar hasta el trabajo, pero siguiendo con el ejemplo, hacemos un total de 19 horas, eso implica que tenemos aproximadamente 5 horas al día para realizar actividades complementarias, la distribución se presenta en la tabla 1 y en la figura 1, esas actividades complementarias pueden ser ejercicios, aprendizaje de un nuevo idioma, un curso, clases de yoga, cocina. Después de conocer esto, cualquier justificativo para no tomar ese curso, empezar a trabajar por el sueño que se anhela, será simplemente excusa.

Tabla 1

Distribución estimada de actividades del día

Actividad	Distribución del tiempo diario (horas)
Sueño	8
Trabajo	8
Labores de rutina	3
Tiempo libre	5
Total	24

Nota. En esta tabla se muestra la distribución en cantidad de horas que pueden aplicarse para aprovechar las horas del día.

Figura 1

Distribución estimada de actividades del día

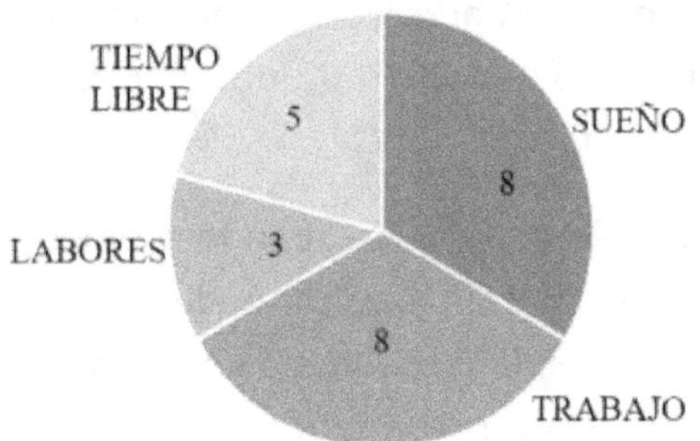

Nota. En esta figura se muestra la distribución en cantidad de horas que pueden aplicarse para aprovechar el día.

Ahora que se mencionó todo esto, tal vez no sea la primera vez que alguien lo apunta, ¿Por qué seguimos postergando todo?, lo voy a hacer fácil, "procrastinación", el hábito de dejar para mañana lo que puede hacerse hoy. Procrastinar es postergar para el futuro, para ese momento que algún día llegará, en el cual se cree tener el tiempo suficiente para realizar ese asunto pendiente; es decir, en un futuro idealizado, pero imaginario.

Procrastinamos por diversos motivos: estrés, ansiedad, perfeccionismo, temor al fracaso, miedo a los cambios, impaciencia o por saturación de responsabilidades. Todos en algún momento procrastinamos: el alumno que estudia y hace sus tareas a última hora, la persona que deja los trámites y entrega de documentos para el último día, el individuo que posterga una decisión hasta que ya no hay marcha atrás. "Es hacerse daño a uno mismo", dijo Piers Steel, un profesor de Psicología Motivacional en la Universidad de Calgary y el autor de The Procrastination Equation: How to Stop Putting Things Off and Start Getting Stuff Done[4].

Pero ¿qué es lo que ocurre cuando caemos en el círculo vicioso de la procrastinación? no logramos nuestros objetivos, lo que se planifica queda en ideas, estamos en nuestra zona de confort o estado psicológico en el que se siente seguridad; se vive en rutina evitando el miedo, ansiedad e incertidumbre; manteniendo un rendimiento promedio sin asumir riesgos, ni compromisos, sin siquiera darse cuenta de las terribles consecuencias. No se crece, simplemente se actúa en piloto automático, con un conjunto de estrategias, conductas y actitudes que se instalan y favorecen la pseudoseguridad.

Este resultado conlleva la pérdida de incentivos y motivación, uno está tan gusto y conforme con alguna situación que el cambio se torna innecesario.

La clave para avanzar en cualquier aspecto de la vida es saber plantear objetivos claros y precisos, ya sea que se quiera mejorar las relaciones, irradiar confianza, tener un cuerpo más saludable, aprender un nuevo idioma, desa-

---

4 Charlotte Lieberman (2019) The New York Times. *Procrastinar no es un asunto de holgazanería, sino de manejo de las emociones*. https://www.nytimes.com/es/2019/03/26/espanol/como-evitar-la-procrastinacion.html

rrollar un negocio, incrementar las finanzas personales. En cualquier caso, es imprescindible que se fije indicadores para verificar si se alcanzaron los objetivos.

Imaginémoslo de esta manera: Estás en un barco navegando, pero si no tienes una brújula, un plan de viaje ni conoces exactamente tu destino, será muy difícil que llegues donde deseas. En mar abierto estás a la deriva, avanzando sin saber realmente a dónde vas, estás en medio del caos; y por más que te esfuerces, lo más seguro es que no obtengas los resultados que buscas.

Tal hecho genera que no se pueda identificar ni gestionar emociones; podría invadirnos la ira, tristeza, desesperación y miedo, e incluso convertirse en estados emocionales y estancarnos.

En cambio, si se estructura objetivos claros y bien definidos, es posible llegar al lugar donde se pretende. Los objetivos son los resultados deseados que se espera alcanzar con la ejecución de una serie de actividades, es decir, conducen desde donde uno se encuentra actualmente, punto en el que tus ideas, pensamientos y tu conocimiento, sumados a la acción se convierten en logros. Es importante establecerlos, precisamente, porque en estos se plasma el norte y la estrategia a seguir para alcanzar el éxito en un proyecto o meta personal; los objetivos señalan dirección y sirven, además, para evaluar el proceso en que realizaron las actividades, el resultado o producto. En la Tabla 2 se menciona algunos ejemplos.

Tabla 2

Comparación entre deseos y objetivos claros

No es lo mismo decir: Quiero aumentar mis ventas	A decir: Quiero incrementar las ventas De nuestro producto X En un 30% En un período de tres meses
No es lo mismo decir: Quiero tener estabilidad financiera	A decir: Quiero saldar mis deudas Encontrar una nueva fuente de ingresos Mejorar mi capital un 20% En un período de un año
No es lo mismo decir: Quiero bajar de peso	A decir: Quiero bajar 10 kilos En 4 meses Mediante una dieta equilibrada Siguiendo un régimen de ejercicio 5 días a la semana

Nota. En esta tabla se muestra la comparación entre deseos (lado izquierdo) y objetivos claros (lado derecho).

¿Dónde está la diferencia?, las afirmaciones de la izquierda son simplemente deseos que pueden quedar únicamente como sueños; en la derecha se lee objetivos específicos, pues se determinó el tiempo, que ayudará a crear un sentido positivo de urgencia, el impulso para acelerar el paso; también se aclaró los valores que se quiere alcanzar, a medida que se avance podrá definirse cuál el progreso; y la motivación asciende cuando uno se percata que alcanza los indicadores que se propuso.

Entonces, ¿qué debe hacerse, ¿cómo se debe actuar, si se emprende un proyecto o negocio con el propósito de que sea exitoso, o represente un cambio de vida hasta alcanzar el máximo potencial? No está de más reiterar que es fundamental definir objetivos para conseguir lo que se pretende, pues ayudan a tener claro qué es lo que se quiere lograr, a trazar un plan de acción para alcanzar las metas.

Por eso es que luego de varios años de estudio y trabajo decidí hacer conocer herramientas muy fáciles de utilizar, son el producto de investigaciones de expertos en el tema; y puedes ponerlas en práctica en tu vida con la finalidad de conseguir las metas que tanto anhelas, pero que muchas veces quedan en el olvido.

Este será el punto de partida del cambio que queramos hacer en nuestra vida, iniciando con un objetivo y poniendo en práctica la regla de tres pasos para alcanzar el éxito en cualquier emprendimiento que nos propongamos. Este cambio nos llevará a ser creadores de contenido en nuestras vidas.

Capítulo 2.

Liderando mi vida

Estamos acostumbrados a pensar que el liderazgo está destinado solo a las personas que ocupan cargos jerárquicos en empresas, a los ejecutivos, políticos, militares, autoridades; a quienes poseen poder absoluto o elevado nivel de ambición, a los que acumulan títulos o tienen muchos años de experiencia, pues permíteme decirte que solo es una interpretación.

Aunque es verdad que existen personas con predisposición a liderar, las habilidades relacionadas con el liderazgo pueden aprenderse sin importar dónde te encuentres, cuál sea tu trabajo, posición, nivel económico o social, tu pasado o antecedentes; el liderazgo siempre involucra cambio, mejora, crecimiento y servicio.

El liderazgo

Quien mejor para hablar de liderazgo que el experto en el tema John C. Maxwell[5]:

> Todos hablan del tema, pero pocos lo entienden. La mayoría de las personas lo quieren, pocos lo

5 John C. Maxwell (1996) *Desarrolle el líder que está en usted*, p. 6

logran. Existen más de cincuenta definiciones y descripciones de liderazgo.

Tal vez porque la mayoría de nosotros quiere ser un líder nos involucramos emocionalmente al tratar de definir el liderazgo, o tal vez, porque conocemos a un líder tratamos de copiar su conducta y de describir el liderazgo como una personalidad, siendo que el liderazgo es influencia, el que piensa que dirige y no tiene a nadie siguiéndole solo está dando un paseo. El problema principal es que la mayoría define el liderazgo como la capacidad de alcanzar una posición, no de obtener seguidores. Por lo tanto, van detrás de una posición, rango o título, y cuando lo adquieren piensan que ya son líderes.

Existen muchas definiciones, así como características principales del liderazgo[6]:

> El liderazgo es la capacidad que tiene una persona de influir, motivar, organizar y llevar a cabo tareas para alcanzar objetivos tanto individuales como grupales, está relacionado con el cambio y la transformación, por lo tanto, es un potencial que se puede desarrollar a partir de diferentes habilidades que tienen las personas, al mismo tiempo es una oportunidad para ser mejor.

6 Escuela Europea de Excelencia (2025) *Qué es el liderazgo, aspectos más relevantes*.
https://www.escuelaeuropeaexcelencia.com/2015/08/que-es-el-liderazgo-aspectos-relevantes/

El liderazgo es la manera de utilizar las habilidades que tenemos para alcanzar responsablemente nuestros objetivos, motivarnos con cada paso que demos, influir en las personas de nuestro entorno, demostrar que cuando se tiene voluntad se avanza hacia nuestros sueños, y que el éxito logrado se yergue humildemente y puede compartirse con las personas que nos rodean. El liderazgo se convierte en un estilo de vida con la intención de contribuir en la transformación de la sociedad por medio de la mejora continua.

Así se alcanza el éxito, levantándose cada mañana con mentalidad de ganador y con la firme convicción de empezar a actuar, de hacer surgir esas habilidades escondidas que todos tenemos, empezando por el optimismo de ese niño que quiere caminar, la creatividad de usar lo que tiene a mano para levantarse, la idea de apoyarse en lo que necesite para dar el primer paso asumiendo el riesgo como lo hace un luchador para avanzar, y la asertividad necesaria para llegar hasta el final del camino.

Si todos ya tuvimos esta y otras experiencias similares en el pasado, ¿por qué no ponerlas en práctica hoy?, ¿por qué no recorrer ese tramo extra? Este es el reto al que estamos llamados a asumir.

Ahora corresponde analizar ¿dónde nos encontramos hoy?, ¿que hemos logrado?, ¿existe alguna situación que nos incomoda?, ¿tenemos algo que queremos cambiar?, ¿postergamos algunos proyectos?, ¿tenemos sueños, pero no sabes cómo hacerlos realidad? ¡Escúchame!

el momento es hoy, no el siguiente lunes, no el siguiente mes, no el siguiente año; el momento de empezar a actuar es hoy, y permíteme contarte el lado hermoso de la historia, solo depende de nosotros mismos visualizar lo que queremos, planificar el camino y empezar.

Un líder en la actuación

El líder se hace, todos podemos ser líderes, el liderazgo empieza por uno mismo con la determinación de mejorar nuestra calidad humana y con la predisposición de actuar por conseguirlo.

El famoso cantante y actor Will Smith[7]:

> Fue el segundo de cuatro hijos, su papá era mecánico de neveras y refrigeradores, su mamá fue administradora escolar; se divorciaron cuando él tenía 13 años, llevaban una vida completamente alejada de la carrera actual de su hijo. Will tenía otros sueños, empezó su carrera musical muy joven en un grupo que conformaron con un amigo de infancia, luego de alcanzar cierto éxito, quedó casi en la ruina al sufrir el embargo de sus bienes por problemas con el servicio de impuestos; a pesar de eso, continuó firme en la lucha por alcanzar sus objetivos, luego logró un acuerdo con una cadena televisiva para protagonizar la serie *"The Fresh Prince of Bel-Air"* que fue un éxito.

---

7 Wikipedia
https://es.wikipedia.org/wiki/Will_Smith

Posteriormente llegan para Will años de participación en varias películas, unas taquilleras y otras no tanto, pero continuó con mucho ahínco por su sueño pese a que no provenía de una familia de artistas, a las adversidades, problemas, pues algunos de sus proyectos no resultaron tan exitosos como otros. Estaba ahí, luchando cada día, sin descanso, sin rendirse, siendo resiliente, hasta convertirse en la estrella que es hoy, bastante reconocido. Seguramente son pocos lugares en el mundo donde no se haya visto alguna de sus películas, él es una prueba viviente de que los sueños se hacen realidad cuando se trabaja por alcanzarlos.

Un líder en el deporte

El exitoso ciclista profesional Lance Amstrong empezó su carrera deportiva muy joven, a la edad de doce años en un equipo de natación en la ciudad donde nació[8]:

> Participó en competencias de triatlón, disciplina en la que empezó a tener victorias, a los 16 años se convirtió en triatleta profesional y hasta los 19 años tuvo muchas victorias, a los 20 años participó como aficionado en una carrera de bicicleta y rápidamente ganó una prueba profesional que lo catapultó para participar en los juegos olímpicos de Barcelona, obteniendo la decimocuarta posición, luego firmó su primer contrato como ciclista

---

8 Wikipedia
https://es.wikipedia.org/wiki/Lance_Armstrong

profesional y obtuvo en Italia el primer lugar. A sus 22 años ganó diez carreras en un solo día y se convirtió en uno de los deportistas más jóvenes que ganó un campeonato mundial. Cuando tenía 24 años participó en la carrera de San Sebastián, donde tres años antes había llegado último, alcanzando un gran prestigio continuó cosechando logros hasta ganar la etapa final del Tour de Francia.

A sus 25 años, en 1996, luego de frustrantes intervenciones y bajos rendimientos en las carreras de ese año, se le detectó un cáncer con metástasis pulmonar y cerebral; fue sometido a cirugías y sesiones de quimioterapia, luego los médicos le informaron que tenía menos de 40 % de probabilidades de sobrevivir, posteriormente fue sometido a otras cirugías para extirparle tumores cerebrales y continuas quimioterapias, y finalmente venció el cáncer.

Su recuperación demoró un par de años, a los 27 años participó en la competencia París- Niza, abandonó la carrera y puso en consideración su retiro definitivo, sin embargo, con el apoyo y consejos de su entrenador, participó en otras competencias sin obtener victorias, pero pudo incrementar continuamente su rendimiento, situación que le incentivó nuevamente.

Fue así como a sus 28 años, lleno de energía y motivado, se propuso un objetivo más alto, y terminó ganador del tour de Francia. Se retiró de su carrera a los 35 años luego de ganar por siete veces consecutivas el Tour de Francia convirtiéndose en uno de los deportistas más famosos de la historia.

Durante su carrera venció varios escollos gracias a que tuvo entereza, objetivos claros; planificó su camino y llegó al éxito; a pesar de todos los problemas siempre supo levantarse.

Una líder en la música

Madonna nació en Bay City, Míchigan (Estados Unidos) en 1958. Su padre emigró desde Europa para conseguir trabajo en América; es la tercera de seis hijos, su madre falleció de cáncer mamario cuando Madonna todavía era una niña. Este fue un episodio trágico para ella y su familia, se vio obligada a cuidar de sí misma y de sus hermanos, se refugió donde su abuela con la esperanza de encontrar consuelo y amor maternal en ella[9].

Según su biografía escrita por Randy J. Taraborrelli[10] Madonna en su juventud se vio a sí misma como una chica solitaria que estaba buscando algo, se preocupaba por ser buena en algo, estudió y obtuvo buenas notas, quería ser alguien. Luego de que su padre contrajera matri-

9 Fox News.com (2008), *Madonna Biography, Discography, Filmography* http://www.foxnews.com/story/0,2933,193740,00.html?sPage=fnc.entertainment%2Fmadonna

10 Taraborelli, Randy J. (2002) *Madonna: An Intimate Biography*, p. 11 - 13.

monio por segunda vez, desarrolló una actitud rebelde, pero continuó en la escuela hasta iniciar una carrera en el mundo de la danza.

Inicialmente trabajó como mesera y bailarina en la presentación de artistas hasta formar sus bandas musicales, fue hasta 1982, cuando luego de firmar su primer contrato, grabó un sencillo que fue todo un éxito en Estados Unidos, y su estilo fue adoptado como moda femenina en la década de 1980.

Hoy, Madona es famosa cantante, bailarina, compositora, actriz, empresaria y un ícono, muchas de sus canciones han alcanzado el primer lugar en las listas musicales de varios países del mundo. Esta trayectoria hizo que obtenga el título de reina del pop, quien a pesar de las adversidades logró éxito porque tenía claro que quería triunfar.

Los ejemplos que se citan, son solo algunos de gente exitosa en lo que se dedica; estas personas marcaron huella en sus rubros, todos tuvieron un objetivo en mente, se enfocaron en este, trabajaron y diseñaron su destino. A pesar de las circunstancias, se levantaron; a pesar de que intentaron hacerles daño, continuaron; a pesar de que en el principio no tenían fama y les faltaba apoyo, lucharon. ¿Qué creen que pasa por sus mentes cuando ellos piensan en su pasado? Quizá que todo el esfuerzo valió la pena, que para ser líderes hay que ser ejemplo, y para alcanzar la gloria hay que diseñar el futuro.

Las emociones

Durante mucho tiempo las emociones fueron consideradas un tema poco relevante, por no decir desconocido; en cambio se privilegió la parte racional del ser humano.

Las emociones denotan estados internos personales, motivaciones, deseos, necesidades, incluso objetivos[11], así es, cumplen un rol fundamental en el momento de alcanzar metas; y, aunque es difícil saber a partir de las emociones cual será la conducta de un individuo, se puede tener una visualización.

Durante el transcurso del día es posible experimentar muchas emociones, pues forman parte de la condición natural de una persona. Suelen ser clasificadas en positivas y negativas. La connotación "negativas" no implica que sean emociones que no debamos tener o que haya que reprimirlas; todas las emociones, positivas o negativas, nos ayudan en nuestro desarrollo y nos van conformando como la persona que somos en la actualidad[12].

Algunos ejemplos de emociones positivas son: aceptación, afecto, alegría, entusiasmo, esperanza, humor, ilusión, motivación y pasión. Entre las que se consideran negativas están: angustia, ansiedad, culpa, decepción, desesperación, estrés, frustración, ira, miedo, rabia y ren-

11 Marta Guerri (2021) ¿Qué son las emociones? https://www.psicoactiva.com/blog/que-son-las-emociones/

12 Martha Thomen Bastardas (2019) ¿Emociones positivas y negativas: definición y lista? https://www.psicologia-online.com/emociones-positivas-y-negativas-definicion-y-lista-4532.html

cor. Al leer los ejemplos anteriores, seguramente pensarás que prefieres en tu vida la presencia de emociones, sin embargo, para el normal desarrollo de las personas es vital la presencia de ambos grupos de emociones en equilibrio. Aprender a gestionar las emociones puede convertirse en la llave de la felicidad; puede hacérselo a partir del conocimiento del tema; de ser conscientes de que no faltarán ocasiones en que nos caigamos o equivocarnos, pero ese será el momento de identificar, por ejemplo, la angustia, la decepción; no permitir que se desborden, más bien preguntarnos ¡para qué experimento esta emoción, ¿qué me falta aprender?, ¿qué me enseña? E ir dando cabida a la paz, valentía y esperanza, dado el hecho de que estas, al considerarse emociones positivas, contribuyen a hacer más resistentes a las personas frente a la adversidad, y ante un problema puede que se doblen, pero no se romperán, serán capaces de experimentar emociones placenteras, incluso en situaciones estresantes y preocupantes.

Lo más importante, cuando se viva momentos con alto grado de emociones, es no reaccionar por el primer impulso; al contrario, es conveniente hacer una pausa, pensar, evaluar y finalmente actuar. Entre tanto se habrá analizado varias alternativas para salir del problema y se evitará decir o hacer algo de lo que luego uno pueda arrepentirse.

Daniel Goleman, en su libro "Inteligencia Emocional", define que la inteligencia emocional es disponer de una serie de habilidades para reconocer nuestras emociones y de quienes nos rodean, además de gestionarlas adecuadamente.

Algunas personas desde pequeñas son capaces de identificar cuáles son sus sentimientos y los de sus compañeros, por lo tanto, reaccionan adecuadamente cuando se encuentren con ellos y ayudan a solucionar problemas que se presenten. Esta competencia no solo sirve para hacer frente a las adversidades y a las de sus amigos, sino, como base para mejorar sus habilidades sociales, es decir, saber qué hacer en el momento adecuado.

No es fácil creer que Kylian Mbappé estaba deprimido antes de ingresar a la cancha en la final de la copa mundial que ganó junto a su selección en 2018, o a Leonardo Da Vinci enojado pintando su obra maestra "La última cena" o "La Mona Lisa", más bien se supone todo lo contrario: los imaginamos pensando en las opciones posibles, construyendo estrategias para conseguir lo que a cualquier otro le haya resultado imposible, entusiasmados y motivados al observar sus avances hacia sus metas y llenos de orgullo al visualizar lo que estaban consiguiendo.

Las emociones positivas nos ayudan a sentirnos mejor con nosotros mismos, con nuestro comportamiento en nuestras actividades diarias, asimismo potencian nuestras habilidades y rendimiento; nos mantienen en un estado de felicidad y todo lo que hacemos nos gusta, lo disfrutamos, y lo mejor de todo es que nos sale bien. Así se fortalece nuestro desarrollo personal y social, se refuerza la resistencia ante la adversidad y se construye hábitos de resiliencia.

El fracaso

Absolutamente todas las personas, sin excepción alguna, cometemos errores y tenemos fracasos; la escala y consecuencias son diferentes; muchas veces nos ocurre sin darnos cuenta y otras debido a malas decisiones, falta de información, ego o por no profundizar en las cosas; al fin y al cabo, todos somos humanos y errar es parte de la vida. Quien diga que no fracaso pronuncia una falacia.[13].

El tema es que muchos se rinden antes de alcanzar lo que se propusieron, pierden la fe y no confían en su capacidad para conseguirlo pese a que se encuentran muy cerca del triunfo; y es que no se dan cuenta que no quisieron perseverar. Fracasar en algo que se estuvo a punto de alcanzar es una gran pérdida, porque luego de doblegarse asedian las emociones menos deseadas; se experimenta culpa, resentimiento, amargura.

Sin embargo, existe otro enfoque: El fracaso no tiene por qué ser un motivo para deprimirse, sino más bien se considerará una llamada de atención para cambiar estrategias, una experiencia que enseña y consolida la vida.[14].

Los errores nos enseñan algo más, los tropezones hacen que perfeccionemos nuestras habilidades; cuando

13 Mauricio Hubard (2020) *El valor del fracaso.* Revista digital Expansión https://expansion.mx/opinion/2020/01/23/el-valor-del-fracaso

14 RevistaFucsia.com, *El éxito y el fracaso.* https://www.fucsia.co/belleza-y-salud/bienestar/articulo/el-exito-fracaso/7117

nos caemos, nos esforzamos por salir de la sima y ascendemos, crecemos, ampliamos y flexibilizamos nuestro enfoque, experimentamos nuevas oportunidades, somos más cuidadosos.

Cada error es una voz alta que reclama, que propone, que aconseja, que muestra lo que puede evitarse en el futuro. Solo pide que se aguce el oído y se mire atentamente, que se analice su causa, que se lo corrija y se aprenda. Es imprescindible asumirlo con humildad,[15] disculparnos y pedir disculpas.

No nos frustremos ante cada puerta que se cierra; entendamos estas situaciones como un regalo de la vida, del tiempo, como una nueva dirección para seguir buscando la nueva puerta que se abrirá[16]. Gestionar nuestras emociones nos ayudará a habitar el equilibrio en todas nuestras relaciones.

La disciplina

La disciplina, la constancia y la perseverancia son hábitos que se generan con base en el autocontrol y el compromiso; son indispensables para continuar luego de una derrota; para levantarse luego de una caída pese a que las circunstancias generen duda. La disciplina coadyuva en la claridad de los objetivos, permite que se fije la mirada en estos, este es el momento cuando uno se acerca al éxito después de intentarlo varias veces sin lograrlo. Luego de

15 Mauricio Hubard (2020) *El valor del fracaso.* Revista digital Expansión https://expansion.mx/opinion/2020/01/23/el-valor-del-fracaso

16 Mauricio Hubard (2020) *El valor del fracaso.* Revista digital Expansión https://expansion.mx/opinion/2020/01/23/el-valor-del-fracaso

aprender, repasar y estudiar algo, hay una delgada línea entre el conformismo y el éxito, lo único que nos hará cruzar desde el lado hasta el segundo es la disciplina, constancia y perseverancia. No hay secretos.

Es oportuno diferenciar entre el sentido de aprender algo y de aplicarlo. Ocurre cuando intentamos una actividad, si los resultados no son los que esperábamos, repasamos lo que hicimos, vemos oportunidades de mejora y lo intentamos nuevamente, una y otra vez, no importa cuántas veces, debe quedar claro, que cada vez que lo intentamos, estamos perfeccionando nuestra técnica, ingresando en un estado de mejora continua, y cada prueba es un nuevo avance, es progreso, es experiencia; implica mucho esfuerzo y dedicación. Llegará el momento cuando perfecciones tanto tu técnica, que lo que hagas resulte magnífico, y los logros se multipliquen.

Así aprendemos a liderar nuestras vidas, las fortalecemos y corregimos nuestros defectos, nos enfocamos en lo que queremos lograr, nos preparamos, creemos que somos capaces de lograrlo, nos levantamos con gran ímpetu sabiendo que hemos aprendido algo nuevo y que nos servirá para seguir creciendo, para trazar un plan de acción y alcanzar nuestras metas y objetivos.

Nadie nació solo para fracasar, nada fue creado para fallar, es absurdo pensar en esto, independientemente de tu creencia religiosa, todo fue creado con una función y para cumplir una misión, todo tiene un propósito, solo se necesita descubrirlo.

Es increíble como muchas personas se subestiman, he escuchado testimonios. Hay gente que no confía en que pueda lograr algo, así que, simplemente, no lo intentan; culpan de sus errores o vacíos a alguien, se justifican, etc., ni siquiera dan el primer paso. Otros, tratan de compensar sus limitaciones obsesionándose con algo en particular, por ejemplo con el trabajo, dedicándole largas jornadas, días, noches, fines de semana, feriados, encerrado en una oficina mientras el mundo avanza y la vida vive fuera de esas cuatro paredes.

La consultora Lizette Sarmina, escribe en su blog de LinkedIn acerca de ¿Cómo nos enseñan a medir el éxito? y ¿Cómo deberíamos medirlo?, haciendo una comparación gráfica muy interesante[17]:

Figura 2

Distribución de prioridades

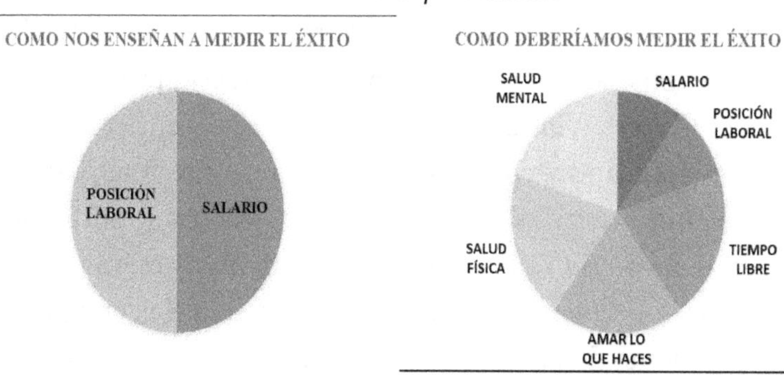

Nota. En esta figura se muestra la distribución de prioridades para la medición del éxito personal. A la iz-

17 Lizette Sarmina (2021) *"¿Cómo deberíamos medir el éxito?"* https://www.linkedin.com/pulse/c%C3%B3mo-deber%C3%ADamos-medir-el-%C3%A9xito-lizette-sarmina/?originalSubdomain=es

quierda el método tradicional; a la derecha la adaptación de cómo deberíamos medir el éxito para alcanzar la realización personal plena.

Parece sencillo y fácil de comprender. A otros puede resultarles insignificante. Yo pagué un precio muy alto por esto. Los dos años previos a la pandemia por Covid-19, tuve un desequilibrio en el tiempo asignado a mis tareas y el verdadero significado del éxito, en otras palabras, estaba obsesionado con el trabajo, pasaba largas horas fuera de casa, incluidos fines de semana y feriados, me perdía cumpleaños y fechas importantes, en ese momento lo justificaba con el argumento de que tenía que sacrificarme para ser exitoso, pero la historia no termina ahí.

Cuando se inició la pandemia, me infecté, me vi obligado a realizar una cuarentena rígida, muchos días solo, aislado, con medicamentos, asistencia médica remota y la gran angustia de no saber cómo finalizaría el tratamiento ni cuáles serían las consecuencias cuando recupere. Continué trabajando virtualmente mientras me recuperaba de la enfermedad. En tales circunstancias comprendí que estaba perdiendo, sin darme cuenta, tiempo con mi familia, conmigo mismo, tiempo de descanso, relajación, etc. El problema de la obsesión por el trabajo continuó, ya no pasaba largas horas fuera, sino encerrado en la oficina que tenía en casa, hasta que llegó el gran golpe, la repentina muerte de mi abuelo - escribo con mucho dolor y lágrimas en los ojos - su vida se fue, esta pérdida fue un despertar, cuánto quisiera no haber sacrificado el tiempo, y aprovecharlo con él cuando estaba vivo, pero ya no hay vuelta atrás, recién aprendí a valorar el verdadero sentido de ser, el valor del éxito. De qué sirve tenerlo todo si no se tiene con quién compartirlo.

Ahora me doy cuenta que establecer prioridades es fundamental, la distribución del tiempo es vital para la familia, para uno mismo, para hacer actividades que llenan de satisfacción. Es elemental tener sueños, hay que trabajar por ellos, hay que actuar, pero también hay que vivir, porque los logros alcanzados, las metas logradas, serán plenamente satisfactorias si se las comparte con los que se ama, porque al final del camino, la felicidad personal y de los seres queridos es el verdadero sentido de la vida.

Entonces, decidí dar un giro a mi vida, ahora que tanto lo extraño, tengo que agradecer a mi abuelo con un abrazo hasta el cielo, porque me ayudó a renacer, a darme cuenta que deseo luchar y trabajar por mis sueños, por mis objetivos, y también merezco ser feliz, porque la vida pasa y lo que el tiempo se lleva, no es posible recuperar.

Capítulo 3.

La definición de objetivos.

Como se mencionó inicialmente, la esencia de este libro es mostrar que todas las personas podemos alcanzar nuestros sueños, más se requiere estar dispuesto a luchar por ellos. A continuación, se enseña la secuencia de tres pasos para lograrlo:

a) Definición del objetivo

b) Organización de los pasos que implica

c) Alcanzar la mejora continua

En este capítulo se presenta algunos métodos para definir objetivos acordes a la realidad.

Necesitas definir el propósito de tus actividades para saber hacia dónde encaminarás tus estrategias personales, profesionales o de negocios, y en qué magnitud deseas evolucionar.

Así, optimizarás el tiempo y evitarás erogar dinero en recursos innecesarios. Tu esfuerzo solo se orientará hacia la consecución de tus metas; reducirás el agotamiento y no sufrirás la frustración de un trabajo que no te lleva a ninguna parte.

Es importante aclarar que se define cada uno de los métodos, se explica su aplicación, se da un ejemplo que simplemente ilustra el planteamiento de objetivos. Tú eres responsable de analizar, con rigurosidad, de evaluar tu estado actual y a dónde quieres llegar.

Tienes la libertad de adaptar cualquiera de los métodos a tu planificación en concordancia, por ejemplo, con la visión que tienes de tu vida. Recuerda que está bien tomar ejemplos de otras personas, pero es aconsejable que contextualices tu situación analizando el cambio interior o exterior de tu propio ser que desees alcanzar, pues amerita que se mantenga tu esencia: no trates de parecerte a alguien más; sé alguien más. Fortalecer tus habilidades y con mucha actitud siéntete orgulloso de quien eres.

Método SMART

El primer empleo conocido del término se produce en la edición de noviembre de 1981 de Management Review de George T Doran[18] y se refiere al concepto de gestión por objetivos[19].

El método SMART proviene de un acrónimo nemotécnico en inglés que ayuda en el diseño de objetivos, relacionados con el desarrollo personal, proyectos o negocios propios. La descripción de cada letra es la siguiente:

18 Doran, G.T. (1981) *"There's an S.M.A.R.T. way to write management's goals and objectives"*. Management Review

19 Bogue, Robert (2018) *"Use S.M.A.R.T. goals to launch management by objectives plan"*.

Figura 3

Definición nemotécnica de cada letra del método SMART

S	M	A	R	T
•SPECIFIC •ESPECÍFICO •¿Qué quiero lograr?	•MEASURABLE •MEDIBLE •¿Cómo puedo medir el avance?	•ACHIEVABLE •ALCANZABLE •¿Es coherente con mi realidad?	•REALISTIC •REALISTA •¿Qué tan importante es para mí?	•TIMELY •TIEMPO •¿Cuánto tiempo me tomará?

Nota. En esta figura se muestra la explicación nemotécnica y la traducción de cada una de las letras del método.

La combinación del objetivo y del plan de acción es realmente importante. A continuación, se describirá el significado de cada letra del método.

La primera letra es la "S" y hace referencia a "Específico", el objetivo se indica de la manera más específica que se pueda, debe tener un impacto personal, existen preguntas que puedes contestar para definirlo:

- ¿Qué quiero lograr?
- ¿Cómo lo voy a lograr?
- ¿Dónde voy a lograrlo?

La segunda letra es la "M" y hace referencia a "Medible", es importante tener indicadores que demuestren el avance, se genera motivación cuando ves tu progreso al medirlo frecuentemente, Te enfocarás en los pasos que estás dando y te darás cuenta si es necesario hacer algún cambio. Por ejemplo, si tu objetivo es hacer ejercicio, tienes que indicar cuántos minutos al día y cuántos días a la semana.

La tercera letra es la "A" y hace referencia a "Alcanzable", es importante saber si tienes las herramientas necesarias para lograr tu objetivo planteado, en este punto enfócate en tus habilidades y capacidad de aprendizaje. Pegúntate:

- ¿Tengo las herramientas/habilidades necesarias para conseguirlo?
- ¿Puedo aprender o desarrollar esa herramienta/habilidad que me falta?

La idea es que analices si el objetivo puede alcanzarse y mediante qué acciones puedes lograrlo. Por ejemplo, si tu objetivo es mejorar tus finanzas en un año, considera que es conveniente que aprendas más acerca de inversión, por ejemplo, elaborar un plan de pagos para cancelar tus deudas y encontrar una nueva fuente de ingreso que eleve tu capital. Así tu objetivo será alcanzable.

La cuarta letra es la "R", hace referencia a "Relevante", no tiene sentido redactar objetivos que no aporten a tu vida, céntrate en aspectos que sean importantes para ti; entonces expandirás tu visión para medir la relevancia del objetivo. Estas preguntas te ayudarán:

- ¿Qué tan valioso es para tu vida el objetivo?

- ¿El objetivo coincide con la visión de tu vida?
- ¿Cuál será el impacto del objetivo en tu vida?

La quinta letra es la "T" y hace referencia a "Temporal", si creas un objetivo y no está definido en un espacio de tiempo se vuelve un sueño, y las probabilidades de éxito se reducen considerablemente, por lo tanto, es importante especificar una fecha límite de realización, además las fechas de control para verificar si el avance es adecuado o se tiene que acelerar, priorizando los aspectos que faltan cumplir.

Ventajas del método SMART

Cuando se decide trabajar eficientemente es importante enfocarse en la definición de objetivos de manera inteligente, el método SMART aporta los siguientes beneficios:

- Reduce los riesgos y costos.
- Facilita el mejor empleo de los recursos disponibles.
- Motiva y mejora el rendimiento.
- Facilita la medición y detección de fallas.
- Favorece a la adaptación en función de los resultados.

Ejemplo del método SMART

Supóngase que el objetivo planteado es bajar de peso y fortalecer un estilo de vida saludable. A continuación, se mostrará cómo plantearlo:

Tabla 3

Ejemplo SMART

Etapa	Pregunta poderosa	Definición SMART
Específico	¿Qué quiero lograr?	Bajar de peso.
	¿Cómo lo voy a lograr?	Ejercicios a diario y comiendo sano.
	¿Dónde lo voy a lograr?	Asistiendo al gimnasio.
Medible	¿Cuánto tiempo por día?	45 minutos por día.
	¿Cuántas veces a la semana?	5 veces a la semana.
	¿Cuántos kilos?	10 kg.
Alcanzable	¿Tengo las habilidades?	No tengo el hábito.
	¿Debo desarrollar alguna habilidad?	Consulta con entrenador/nutricionista.
Relevante	¿Es valioso?	Muy importante.
	¿Coincide con mi visión de vida?	Quiero cambiar mi vida.
	¿Cuál será el impacto?	Adquirir un estilo de vida saludable.
Temporal	¿En cuánto tiempo finalizaré?	6 meses.
	¿Frecuencia para medir el avance?	1 vez por mes.

Nota. En esta tabla se muestra un ejemplo práctico para alcanzar un objetivo personal.

Aplicación del método SMART en tu vida

El diseño de objetivos personales con el método SMART te llevará a una total realización, en cualquier ámbito en el que quieras generar cambios serás capaz de descubrir tu potencial a medida que avances y alcances tus propósitos; te darás cuenta de que eres capaz de lograr más de lo que habías imaginado, de desarrollar habilidades que incidirán en tu superación diaria y en tu máximo rendimiento.

Con la finalidad de que empieces hoy mismo, te dejo una tabla para que tomes unos minutos, visualices un objetivo y respondas a las preguntas del método para evaluar tu situación actual:

Tabla 4

Ejemplo personal: _______________

Etapa	Pregunta poderosa	Definición SMART
Específico	¿Qué quiero lograr?	_______________
	¿Cómo lo voy a lograr?	_______________
	¿Dónde lo voy a lograr?	_______________
Medible	¿Cuánto tiempo por día?	_______________
	¿Cuántas veces a la semana?	_______________
	¿Cuánto?	_______________
Alcanzable	¿Tengo las habilidades?	_______________
	¿Debo desarrollar alguna habilidad?	_______________

Relevante	¿Es valioso?	____________
	¿Coincide con mi visión de vida?	____________
	¿Cuál será el impacto?	____________
Temporal	¿En cuánto tiempo finalizaré?	____________
	¿Frecuencia para medir el avance?	____________

Nota. Cuando hayas hecho el ejercicio te percatarás de que visualizaste las variables que tienen que ver con el objetivo, y el análisis que realices te permitirá iniciar tu proyecto personal.

Método GROW

Es un sistema de resolución de problemas mediante un plan para obtener resultados, se aplica en ámbitos personales y profesionales. Fue creado por Tim Gallwey y John Whitmore[20]. Es el acrónimo cuyas letras indican lo que se muestra en la figura 4.

20 Sir John Whitmore, "*Challenging Coaching*" y "*Coaching at Work*".

Figura 4

Definición nemotécnica de cada letra del método GROW

G	R	O	W
•GOAL •OBJETIVO •¿Qué quiero alcanzar	•REALITY •REALIDAD •¿Cual es mi situación actual?	•OPTIONS •OPCIONES •¿Cuáles son mis alternativas?	•WILL •VOLUNTAD •¿Cuál será mi plan de acción?

Nota. En esta figura se muestra la explicación nemotécnica y la traducción de las letras del método GROW.

El esquema simplificado del método facilita ordenar las opciones cuando no se sabe por dónde iniciar un proceso de mejora, al mismo tiempo ayuda en la identificación y resolución de problemas. Como cualquier metodología, requiere total compromiso, persistencia y dedicación para obtener los resultados[21].

La primera letra es la "G", hace referencia a "Objetivo", en este punto debe analizarse el estado donde se quiere llegar, por supuesto que sea posible y medible, puede ser a corto, mediano o largo plazo y debe definirse exactamente lo que se quiere conseguir. Por ejemplo, aprender un nuevo idioma. Existen preguntas que puede contestarse para definirlo:

- ¿Qué quiero lograr?

21 Daniel Colombo, "*Método Grow para la mejora personal y profesional*" https://www.danielcolombo.com/que-es-el-metodo-grow-para-la-mejora-personal-y-profesional-por-daniel-colombo/

- ¿Para qué quiero alcanzar este objetivo?
- ¿Cómo me ayudará en mi vida alcanzar esta meta?

La segunda letra es la "R" y hace referencia a "Realidad". Este paso consiste en analizar con honestidad el estado actual para contar un diagnóstico, es aconsejable ser lo más realista posible y definir con seguridad el siguiente paso. De un buen diagnóstico surge el plan de acción más preciso. Las preguntas que ayudan en este punto son:

- ¿Cuál es mi nivel actual respecto al objetivo?
- ¿Qué herramientas dispongo?
- ¿Por qué no lo he conseguido antes?

La tercera letra es "O" y hace referencia a "Opciones" cuando está definido el objetivo y el punto de partida evalúese las alternativas que se tiene al alcance, es importante definir por lo menos tres alternativas para evaluar las ventajas y desventajas de cada uno, además de considerarlo como plan A, B y C, en función de la dificultad y/o costos. Las preguntas que pueden ayudar con este punto son:

- ¿Cuáles son las tres alternativas más prácticas?
- ¿Dependen de mí?
- ¿Dependen de alguien más?

- ¿Existe alguna persona de referencia que lo haya intentado antes?

La cuarta letra es la "W" y hace referencia "Al Plan de Acción" - en este punto se define la estrategia emplearse, además quien la emplee será consciente de que el resultado depende de su voluntad, compromiso y el deseo de llegar al objetivo. También se define tiempo para culminarlo y la frecuencia para evaluar el avance. Las preguntas que pueden ayudar son:

- ¿Qué camino voy a seguir?
- ¿Cuánto tiempo me tomará?
- ¿Cómo mediré los resultados?

Ventajas del método GROW

Es un método ampliamente utilizado por su gran efectividad en la determinación y alcance de los objetivos. Algunas ventajas son:

- Ayuda a maximizar y a mantener los logros personales y la productividad.
- Es flexible.
- Promueve exitosamente la autoconfianza y la motivación.
- Genera mayor productividad y satisfacción personal.
- Permite el análisis de uno mismo, conocer debilidades y fortalezas.

Ejemplo del método GROW

Supóngase que el objetivo planteado es aprender un nuevo idioma, en este caso inglés. A continuación, se indicará una manera práctica de plantearlo:

Tabla 5

Ejemplo GROW

Etapa	Pregunta poderosa	Definición GROW
Objetivo	¿Qué quiero lograr?	Aprender inglés.
	¿Para qué quiero lograrlo?	Para mejorar mis habilidades.
	¿Cómo me ayudará en mi vida?	Dará un impulso a mi carrera.
Realidad	¿Cuál es mi nivel actual?	Tengo nivel intermedio de acuerdo con un test online de nivel que realicé
	¿Qué herramienta dispongo?	Tengo libros antiguos de cursos pasados y tutoriales en internet.
	¿Por qué no lo conseguí antes?	Falta de compromiso y constancia.
Opciones	¿Cuáles son las tres alternativas?	Curso tradicional en una academia. Curso online. Contratar un profesor particular.
	¿Depende de alguien más?	Solo depende de mí mismo.
	¿Existe alguna recomendación?	Tengo referencias del curso online.

Plan de acción	¿Qué camino voy a seguir?	Tomaré el curso online porque se ajusta mejor a mis horarios.
	¿Cuánto tiempo me tomará?	1 año para alcanzar el objetivo.
	¿Cómo mediré los resultados?	Test de nivel mensualmente y test TOEL al finalizar el curso.

Nota. En esta tabla se muestra un ejemplo práctico para alcanzar un objetivo personal.

En definitiva, lo que se pretende con este método es promover la toma de consciencia de una situación actual, reconocer los motivos de esta, identificar los justificativos suficientes para alcanzar el objetivo, asumir el compromiso de un plan de acción para mejorar la situación inicial.

Aplicación del método GROW en tu vida

Este método, ayudará en la identificación de ciertas condiciones indispensables para mejorar tu condición actual, personal o profesional, tendrán un impacto positivo en tu vid. GROW es un método muy utilizado, por los óptimos resultados que conlleva su aplicación; en otras palabras, es un método para establecer objetivos que te harán evaluar tu situación actual (analizando tus propias fortalezas y debilidades) y planificar cómo llegar a la situación deseada. Al diseñar diferentes estrategias para alcanzar un mismo objetivo, aumentará tu capacidad de resiliencia, mejorarás tus habilidades en la autogestión de emociones.

Con la finalidad de que empieces hoy, te dejo una tabla para que tomes unos minutos, visualices un objetivo y respondas a las preguntas del método para evaluar tu situación actual:

Tabla 6

Ejemplo personal: ____________________

Etapa	Pregunta poderosa	Definición GROW
Objetivo	¿Qué quiero lograr?	____________
	¿Para qué quiero lograrlo?	____________
	¿Cómo me ayudará en mi vida?	____________
Realidad	¿Cuál es mi nivel actual?	____________ ____________
	¿Qué herramienta dispongo?	____________ ____________
	¿Por qué no lo conseguí antes?	____________
Opciones	¿Cuáles son las tres alternativas?	____________ ____________ ____________
	¿Depende de alguien más?	____________ ____________
	¿Existe alguna recomendación?	

Plan de acción	¿Qué camino voy a seguir?	________ ________
	¿Cuánto tiempo me tomará?	________
	¿Cómo mediré los resultados?	________ ________

Nota. Cuando completes la tabla te darás cuenta que visualizaste todas las variables que tienen que ver con el objetivo; el análisis te servirá para iniciar tu proyecto personal.

Método OKR

Tener objetivos claros en una organización es ya un gran logro. Pero, en muchas ocasiones, estos objetivos se invisibilizan en medio de las operaciones diarias y como consecuencia los resultados que se obtienen no son los deseados. Entonces, contar con una estrategia que permita establecer metas y acciones claras no sólo es imprescindible para la organización, sino para los equipos que la componen, incluso, para cada individuo. Por este motivo, hoy, se decide profundizar en los OKR (Objectives and Key Results), u Objetivos y Resultados Clave. Esta metodología que Google empleó desde sus inicios se ha expandido a otras grandes empresas como Linkedin, Dropbox, Spotify, Twitter, y les posibilitó permitido que fijen y alcancen sus objetivos con resultados que parecen casi inverosímiles en términos de crecimiento, ganancias y difusión[22].

22 Gamaliel Vesga (2021), "*OKR: Qué son, su uso*" https://gestion.pensemos.com/okr-que-son-uso-y-5-ejemplos-reales

OKR son las siglas que se refieren a Objetives and Key Results (Objetivos y Resultados Clave) Se define como un método de desempeño interno que, mediante el planteamiento de objetivos y de sus correspondientes resultados clave, permite organizar el trabajo, los grupos y realizar un seguimiento del progreso de cada empleado; es aplicable en una empresa, negocio, incluso en finanzas personales, sin importar las dimensiones se consigue alinear el trabajo de toda la organización y marcar un único rumbo para todos sus miembros. Sin duda, es un método innovador[23].

La metodología de los OKR´s no es una técnica nueva, fue creada e implementada por primera vez en 1970, por Andrew Grove, presidente de Intel en la época, y la describe en su libro High Output Management en el que hace dos preguntas clave que resumen muy bien la intención de esta metodología: ¿A dónde vamos? ¿A qué paso debo ir para llegar hasta allá? Con estas interrogantes se establece la meta de la empresa y cómo cada persona tiene que trabajar para lograrla en el menor tiempo posible.

En la definición de objetivos por medio de esta metodología se distingue tres variables:

- Objetivos: determinan la dirección en la que la empresa quiere desarrollarse en el futuro, los objetivos deben ser claros y precisos para que toda la organización reme en el mismo sentido.

23 Patricia Galiana (2021), "*Qué son los OKR´s*" https://www.iebschool.com/blog/que-es-metodologia-okr-rrhh-2-0/

- KR o Key results: sirven de parámetro para saber si la empresa está logrando los objetivos planteados previamente, o si se está desviando en alguna dirección. Es el segundo paso para lograr los objetivos, pero bajándolos un nivel a la práctica.
- Acciones clave: el último paso es definir las acciones clave para alcanzar los key results. En otras palabras, el tercer paso para alcanzar los objetivos, y tendrían acciones precisas realizables en el día a día.

Cuando se plantean los objetivos para empezar a trabajar con la metodología es muy importante tener en cuenta los siguientes aspectos:

- Comprensión clara de la misión de la empresa porque el primer paso es establecer un objetivo general global que responda la pregunta ¿a dónde quiero llegar este año?
- Detallar entre 3 y 4 objetivos trimestrales clave para cumplir el objetivo general. Con estos más que medir, se inspira.
- Indica por cada objetivo trimestral un resultado clave, aquí se incluyen las métricas y el tiempo en el cual se debe obtener el resultado.
- Priorización de acciones clave por cada resultado, esto significa que con base en los resultados se pregunte ¿qué tengo que hacer para obtener esto? la respuesta abarcará las actividades puntuales a asignarse a los empleados.

En la figura 16 se hace una descripción de lo mencionado anteriormente, y por medio de una matriz que puedes elaborar en una hoja de cálculo en Excel o manualmente, como sea de tu preferencia, anotarás los objetivos de tu unidad de trabajo, siempre alineados a los objetivos corporativos de la empresa. Las mediciones pueden ser trimestrales o según la necesidad; se recomienda al menos tres resultados clave para controlar el logro de los objetivos.

Figura 18

Establecimiento de objetivos mediante la metodología OKR

<table>
<tr><td rowspan="12">Misión y visión</td><td rowspan="12">Objetivo anual global</td><td rowspan="3">Objetivo trimestral</td><td>Resultado clave</td><td rowspan="3">Acciones clave</td></tr>
<tr><td>Resultado clave</td></tr>
<tr><td>Resultado clave</td></tr>
<tr><td rowspan="3">Objetivo trimestral</td><td>Resultado clave</td><td rowspan="3">Acciones clave</td></tr>
<tr><td>Resultado clave</td></tr>
<tr><td>Resultado clave</td></tr>
<tr><td rowspan="3">Objetivo trimestral</td><td>Resultado clave</td><td rowspan="3">Acciones clave</td></tr>
<tr><td>Resultado clave</td></tr>
<tr><td>Resultado clave</td></tr>
<tr><td rowspan="3">Objetivo trimestral</td><td>Resultado clave</td><td rowspan="3">Acciones clave</td></tr>
<tr><td>Resultado clave</td></tr>
<tr><td>Resultado clave</td></tr>
</table>

Nota. En esta figura se muestran las etapas en la determinación de objetivos mediante la metodología de los OKR.

Ventajas de los OKR

- Generar compromiso para el logro de objetivos.
- Informar a todos los miembros de lo que es importante.
- Permitir una comunicación más precisa.
- Establecer indicadores que midan el progreso.
- Enfocar el esfuerzo y asegurar la alineación del equipo.

Ejemplo del método OKR

Si el objetivo planteado es el crecimiento de nuestro negocio, en el caso del ejemplo será crear un plan de expansión de un restaurante, a continuación, se mostrará una manera práctica de plantearlo:

Figura 19

Establecimiento de objetivos mediante la metodología OKR

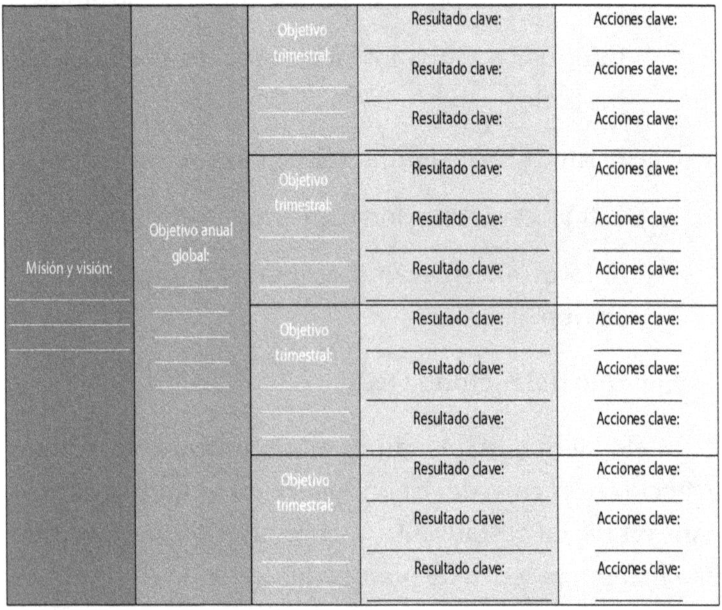

Misión y visión:	Objetivo anual global:	Objetivo trimestral:	Resultado clave:	Acciones clave:
			Resultado clave:	Acciones clave:
			Resultado clave:	Acciones clave:
		Objetivo trimestral:	Resultado clave:	Acciones clave:
			Resultado clave:	Acciones clave:
			Resultado clave:	Acciones clave:
		Objetivo trimestral:	Resultado clave:	Acciones clave:
			Resultado clave:	Acciones clave:
			Resultado clave:	Acciones clave:
		Objetivo trimestral:	Resultado clave:	Acciones clave:
			Resultado clave:	Acciones clave:
			Resultado clave:	Acciones clave:

Nota. En esta figura se muestran las etapas de la determinación de objetivos mediante la metodología de los OKR.

El proceso es simple, se trata de definir una meta y las acciones para alcanzarla, la complejidad está en escribir y efectivizar los OKR´s individuales y de conjunto. La implementación de este método requiere paciencia y compromiso de todos los implicados, aunque tiene la característica de que es flexibles y de duración determinada ya que los objetivos pueden cambiar rápido en el tiempo y ser modificados en cada revisión, por eso, es recomendable plantear 4 objetivos y entre 3 y 5 resultados clave por cada uno.

Aplicación del método OKR en tu vida

En conclusión, trabajar con este método muestra una dirección clara y transmite inspiración; el "resultado clave" es el indicador con valor inicial y final, que nos ayudará a saber si nos estamos aproximando o no al objetivo; la acción son las tareas o actividades a realizarse para alcanzar la meta.

Puede utilizarse el modelo en un solo equipo, área o, incluso personalmente; como también a nivel sistémico, para toda una organización con el aporte de todos.

Los OKR son muy valiosos para dueños de negocios o personal a cargo porque ayudan a obtener información en todos los niveles. Datos de cómo mejorar o de algo que esté impidiendo avanzar, esto convierte al modelo en una poderosa herramienta de identificación de prioridades en la que debe centrarse los esfuerzos.

Con la finalidad de que empieces hoy mismo, te dejo una tabla para que te tomes unos minutos, visualices un objetivo y respondas a las preguntas del método para evaluar tu situación actual:

Nota. Cuando llenes la tabla te darás cuenta que visualizaste todas las variables que tienen que ver con el objetivo en mente y una vez analizadas, te servirá para iniciar con tu proyecto personal.

Capítulo 4.

Organización de las actividades.

Cuando se tiene los objetivos definidos, puede ocurrir que surja la pregunta ¿Ahora por dónde empiezo? Además de las actividades que se realizan para alcanzar de la meta, la finalización puede incluir una gran cantidad de estas, todas muy importantes, a las que se debe prestar especial atención. Uno de los puntos de partida es la organización del tiempo si se pretende cumplir las diligencias diarias. Para esto habrá que anotarlas en una agenda, emplear una aplicación en un Smartphone o Tablet, en la computadora o en un cuaderno de notas; esta práctica facilita el control de lo que ya se realizó y de lo que falta.

En algún momento nos hemos quejado por tener muchos pendientes a lo largo del día y sentimos que el tiempo no alcanza. Esta situación, si es continua, puede arrastrarnos al estrés, angustia, a la tensión física y mental. La planificación y organización de las tareas diarias con la ayuda de herramientas que se irá conociendo a lo largo del capítulo, nos ayudará para que nuestros días sean mucho más provechosos.

Puede empezarse en cualquier momento, al tomar el primer café de la mañana, después de meditar, antes de ir al gimnasio, hay que apuntar las tareas que tenemos o pretendamos realizar durante día, y a poner en práctica los métodos de administración y gestión del tiempo. Así se cumplirá efectivamente y se optimizarán las 24 horas del día logrando mayor productividad, éxito y calidad de vida.

Los métodos que se presentan en este capítulo son herramientas frecuentemente empleadas por su efectividad, solo depende de nosotros mismos sacarle el máximo provecho, si bien pueden surgir imprevistos durante el día, será mucho más efectivo si nos habituamos a estas técnicas como parte de nuestra rutina, para gestionar mejor nuestro tiempo.

Matriz de Eisenhower

Cuando empiezas el día, además de todo lo que tienes pendiente, mientras trabajas te das cuenta que aparecen otras tareas que requieren tu tiempo, todas parecen importantes y urgentes, una larga lista de correos sin contestar en tu bandeja de entrada, reuniones imprevistas justo en el momento límite de la fecha de entrega del proyecto que es tu prioridad, sin mencionar las tareas y compromisos personales.

Con todo ese listado de cosas por resolver al mismo tiempo, es difícil decidir por dónde empezar; en lugar de avanzar nos estancamos, aparece la ansiedad, uno se siente abrumado, agobia el incumplimiento de las tareas, nos llaman la atención en el trabajo o en el hogar, perdemos productividad, nuestro negocio empieza a decaer en ventas, etc., puede llegar el momento en que colapsemos, en algunos casos, complicándose con diferentes niveles de stress. Si no tienes un método de organización es fácil pensar que todas las tareas son urgentes e importantes, y esto afecta el logro de los objetivos.

No conozco a alguien que por voluntad propia desee ser poco productivo, sin embargo, a medida que avanza el día y se comienza a responder a todas las solicitudes que llegan, asignándoles la categoría de urgentes en poco tiempo se tendrá una larga lista de tareas acumuladas. Cuando ocurre, es más complicado mantener el compromiso con la productividad, y entre las consecuencias se anota el incumplimiento de plazos, dificultades para completar las actividades del día. En estas circunstancias se piensa que la priorización de tareas puede marcar diferencia entre retrasarse y llevar la delantera, aquí es donde aparece la matriz de Eisenhower.

Dwight D. Eisenhower, general del ejército y trigésimo cuarto presidente de los EE.UU. conocido por sus altos niveles de productividad, pensaba que debemos dedicar atención y tiempo a nuestras actividades en función de su importancia y urgencia. Decía que cometemos el error en centrarnos en las cosas que son importantes y urgentes a la vez, en vez de centrarnos en las cosas que son importantes, aunque poco urgentes, lo que sería la base de un comportamiento más estratégico, orientado a objetivos a largo plazo. Stephen R. Covey popularizó la

Matriz de Gestión del Tiempo de Eisenhower en su libro Los 7 Hábitos de la Gente Altamente Efectiva, afirmando que ya no se trata de gestionar el tiempo, sino de gestionar dónde debemos poner nuestra atención en cada momento, mejorando directamente nuestra eficiencia y productividad[24].

La matriz de Eisenhower es una herramienta simple y muy poderosa para gestionar eficazmente el tiempo, permite organizar todas las actividades que necesitan ser completadas de acuerdo a su grado de importancia y/o urgencia.

Ahora se describirá cómo el método propone clasificar las tareas pendientes en cuatro cuadrantes distintos, situando cada una en un cuadrante específico correspondiente al nivel de prioridad que nosotros debemos asignarle. Con este método de toma de decisiones, puedes establecer qué tareas debes hacer primero y cuáles puedes dejar temporalmente para retomarlas en otro momento o incluso desecharlas si fuera necesario; la idea es optimizar el tiempo y mejorar tu rendimiento, ya que te estarás enfocando en las tareas más importantes y con las que obtendrás mejores resultados. La matriz puede representarse fácilmente, permite visualizar la clasificación de tus tareas por orden de urgencia.

24 Francisco Sáez, "*La Matriz de Gestión del tiempo*" https://facilethings.com/blog/es/time-management-matrix

Figura 5

Clasificación de tareas de acuerdo a Eisenhower

Nota. En esta figura se muestra la clasificación de las tareas de acuerdo con el nivel de importancia y la prioridad.

Cada tarea tiene su grado de importancia y de urgencia, lo que determina un orden de prioridad para planificar, completar, delegar o eliminarla de la lista; de esa manera se avanza en sincronía entre cantidad de tareas y el ritmo con que cada una se cumple. Aquí la explicación de cada cuadrante:

- Primer cuadrante: urgentes e importantes, estas tareas se deben completar inmediatamente, deben ser las primeras en la lista para "hacerlas primero", pues son esenciales, comúnmente, son las solicitudes de situaciones imprevistas o casos de emergencia.

- Segundo cuadrante: importantes, pero no urgentes, estas tareas se deben programar para más adelante. Se realizarán a largo plazo después que las tareas del primer cuadrante se hayan cumplido.

- Tercer cuadrante: urgentes, pero no importantes, estas tareas se pueden delegar a otra persona, son tareas que deben completarse inmediatamente, pero que no son tan significativas como para enfocarse en ellas.

- Cuarto cuadrante: ni urgentes ni importantes, estas tareas se deben eliminar porque generan una distracción y por lo tanto deben evitarse.

No existe una fórmula especial para determinar si una tarea es urgente e importante; simplemente debe categorizarse las tareas en función de los objetivos que se tiene; en otras palabras, cuando se haya planteado un objetivo desde el enfoque de alguno de los métodos revisados, esta herramienta ayudará a ordenar las tareas del plan de acción para incrementar eficiencia y productividad.

Ventajas de la matriz de Eisenhower

La matriz es aplicable en cualquier ámbito, ya sea que te hayas planteado un objetivo de desarrollo personal, quieras mejorar la productividad en tu oficina, distribuir tareas a un equipo de trabajo o a la familia. Aquí algunas de las ventajas del empleo de esta herramienta:

- Organiza tus prioridades de forma simplificada.
- Optimiza el tiempo.
- Aumenta tu eficiencia.
- Permite planificar con antelación otras tareas.
- Delegar tareas para ser más productivo.
- Descartar las actividades que no añadan valor a tu rutina diaria.
- Reducir el agotamiento y el estrés

Ejemplos del empleo de la matriz de Eisenhower

Las investigaciones muestran que la toma de decisiones está ligada a las emociones. La parte del cerebro que se relaciona con la racionalidad, la corteza orbito frontal y la parte de tu cerebro asociada con las emociones, la amígdala, trabajan a menudo en conjunto cuando se está procesando pensamientos complicados. Por lo tanto, la toma de decisiones está ligada a la regulación del estado de ánimo; cuando no se hace gestión efectiva de las tareas, sin importar la ocupación, a menudo llega la ansiedad y la depresión que llevan a tener una sensación de estar atascado, esto hace ingresar en un estado desgastante en el que es complicado tomar decisiones. Así, optar por la matriz de Eisenhower para clasificar tus tareas y tomar decisiones es una manera fácil de reducir la carga emocional, tu cerebro comenzará a hacer nuevas conexiones y te acostumbrarás rápidamente a identificar la diferencia entre tareas que son o no importantes.[25]

Lo único que tienes que hacer es tomarte unos minutos al día para analizar tus tareas y clasificarlas en actividades que puedes terminar a corto, mediano o largo plazo. De esta manera, incrementarás tu eficiencia, productividad y tendrás control emocional mientras cumples tus actividades.

Aplicación de la matriz de Eisenhower en tu vida

La clasificación de tareas, así como la asignación de prioridades es esencial para cumplir las actividades diarias. Con el empleo de esta matriz podrás organizarlas e incrementar tu productividad; puedes trabajar en un cuaderno de notas, en una cartulina, un cuadro en la pared, pequeñas notas adhesivas, una pizarra acrílica, un archivo Excel, etc., puedes adaptar la matriz al modo que te resulte más práctico, y verás cómo rápidamente te desharás de tus pendientes y avanzarás hasta cumplir tus objetivos; evitarás fatigas, estrés y emociones desagradables que pueden presentarse, más bien te recargarás de energía de alta vibración.

Y para que empieces hoy mismo, te dejo una tabla, toma unos minutos y realiza el ejercicio con tus tareas pendientes, así evalúas tu situación actual:

25 Héctor Fernandez, "*Matriz de Eisenhower para priorizar tareas*" https://economiatic.com/matriz-de-eisenhower/

Figura 6

Ejemplo: clasificación de tareas de acuerdo con Eisenhower

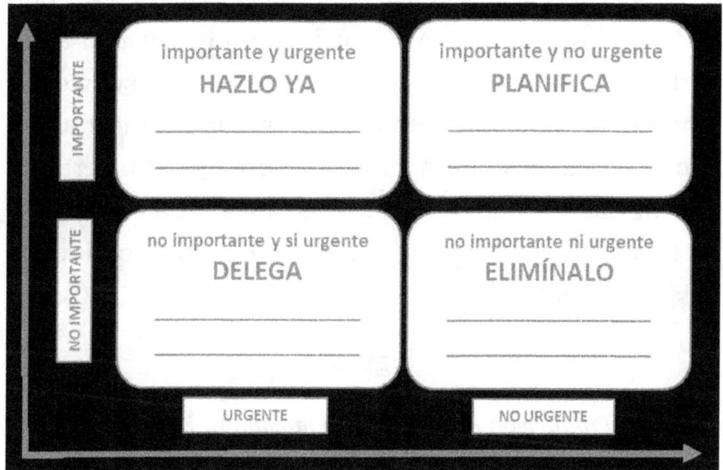

Nota. Cuando llenes la tabla, te darás cuenta que si organizas y priorizas tus tareas y mejorará tu productividad.

Método Kanban

Kanban es un método de gestión de trabajo que surgió en Toyota a finales de los años 40, en la empresa se implementó el sistema "just in time" (justo a tiempo"), es decir que la producción se basa en la demanda de los clientes y no en la práctica de fabricar productos e intentar venderlos en el mercado, su propósito fundamental consiste en minimizar los desperdicios sin afectar la producción, generando más valor para el cliente sin generar más gastos[26].

26 Blog Kanbanize "*Qué es Kanban: Definición, Características y Ventajas*" https://kanbanize.com/es/recursos-de-kanban/primeros-pasos/que-es-kanban

La palabra Kanban viene del japonés y quiere decir tarjeta con signos o señal visual[27]. Un tablero Kanban básico está compuesto por tres columnas: "Pendiente o por hacer", "En progreso" y "Finalizado o hecho". Al aplicarlo correctamente, no solo mejora la productividad, sino que sirve como fuente de información, mostrando puntos eficientes en un proceso, o mostrando alertas e identificando dónde están los cuellos de botella, y qué es lo que impide que el flujo de trabajo sea continuo e ininterrumpido.

Figura 6

Traducción del japonés de la palabra Kanban

kan ban

Nota. En esta figura se muestra la traducción de este método de organización de tareas para mejorar el rendimiento con la finalidad de optimizar recursos y alcanzar objetivos.

A continuación, en la figura 7, se muestra el ejemplo de un tablero básico, donde se asume que un proceso sencillo inicia con seis tareas pendientes.

27 Schaub, Willy-Peter (2020) "*How does kanban relate to DevOps?*"

Figura 7

Inicio de un proceso

POR HACER	EN PROGRESO	HECHO
• TAREA 1		
• TAREA 2		
• TAREA 3		
• TAREA 4		
• TAREA 5		
• TAREA 6		

Nota. En esta figura se muestra los cuadros para clasificar las tareas. En el inicio de un proceso, todas se encuentran en la primera columna de tareas "por hacer".

En el transcurso del día y conforme vayas avanzando, las tareas que están siendo llevadas a cabo pasan a la columna en progreso, las que son finalizadas, a la tercera columna, confirmando que ya fueron ejecutadas, y solo te concentrarás en las tareas que están en progreso y en las que aún no se iniciaron.

Figura 8

Continuación del proceso

Nota. Esta figura se muestra la clasificación de las tareas conforme se avanza en su realización.

Si bien este tablero se diseñó para procesos de la industria automotriz, posteriormente se demostró que podía aplicarse en cualquier otro tipo de industria[28].

David J. Anderson formuló el método Kanban como una aproximación al proceso evolutivo y al cambio de sistemas para la organización del trabajo. Está enfocado en llevar a cabo las tareas pendientes y los principios básicos más importantes son cuatro:

- Principio 1: Empezar con lo que hace ahora, Kanban no requiere configuración y puede ser aplicado sobre flujos reales de trabajo o procesos activos para identificar los problemas, por eso es fácil implementar Kanban en cualquier tipo de organización, actividades del día o procesos en un negocio, ya que no es necesario realizar cambios drásticos.

28 David Anderson (2003) "*Agile Management for software Engineering: Applying the Theory of Constraints for Bussines Results*".

- Principio 2: Comprometerse a buscar e implementar cambios en favor de la mejora continua en el proceso actual.

- Principio 3: Respetar los procesos, las responsabilidades y los cargos actuales. Kanban reconoce que los procesos en curso, los roles, las responsabilidades y los cargos existentes pueden tener valor como para conservarlos. No prohíbe el cambio, pero tampoco lo prescribe, más bien, alienta que se implemente gradualmente.

- Principio 4: Animar el liderazgo en todos los niveles, algunos de los mejores surgen de actos del día, de gente que está al frente de sus equipos. Es importante que todos fomenten una mentalidad de mejora continua para alcanzar el rendimiento óptimo a nivel de equipo, negocio o empresa.

Aunque aceptar la filosofía de Kanban y embarcarse en el viaje de transición es el paso más importante, cada organización debe tener cuidado con los pasos prácticos y conocer muy bien los procesos en los que se implementará el método, con la idea de aprovechar exitosamente la herramienta éxito. Debido a la simplicidad del método, puede ser aplicado en tareas diarias como en procesos complejos que implican la fabricación de un producto o la provisión de un servicio.

Ventajas de las herramientas Kanban

Luego de repasar la implementación práctica de un tablero, se cita algunas ventajas[29]:

- Permite visualizar el flujo de trabajo completo y proporciona transparencia en el proceso.
- Facilita el trabajo en equipo incluso en actividades remotas o teletrabajo.
- Puede convertirse en una herramienta digital con acceso a todo el equipo en línea.
- Permite controlar tu rendimiento o el de un grupo de trabajo.
- Detecta cuellos de botella en los procesos.
- Mejora la eficiencia de un proceso en los que se tiene cantidad de tareas.
- Involucra la formación de un sistema de trabajo ininterrumpido, controlando tu avance o distribuyendo tareas en casos de grupos de trabajo.
- Facilita la identificación de oportunidades de mejora.
- Facilita la compresión del sistema de trabajo para todos los miembros del equipo, y permite la rápida adaptación de empleados nuevos.

29 Shingo, Shigeo (1989). "*A Study of the Toyota Production System from an Industrial Engineering Viewpoint*".

Ejemplos de las herramientas Kanban

Los ejemplos de tableros Kanban pueden variar según el enfoque del trabajo, por lo tanto, algunos serán simples, otros más complejos con varias columnas.

El tablero básico es un buen comienzo para las personas que están usando el método por primera vez, suele constar de 3 a 4 columnas sin complicaciones. En la figura 9 se muestra un tablero Kanban simplificado, es una excelente manera para iniciar su uso, estableciendo las bases de un flujo de trabajo eficiente.

Figura 9

Tablero Kanban sencillo

POR HACER	EN PROGRESO		HECHO
	TRABAJANDO EN ELLO	EN ESPERA DE ALGO	
TAREA 1			
TAREA 2			
TAREA 3			
TAREA 4			
TAREA 5			

Nota. En la figura se muestra un tablero simple de cuatro columnas para la distribución y cumplimiento de tareas.

Los tableros Kanban pueden ser realmente útiles cuando diariamente se planifican muchas tareas pequeñas, así como en sistemas con mayor actividad donde se deben priorizarlas.

Figura 10

Tablero Kanban más complejo

SOLICITUD	PRIORIDAD			EN PROGRESO	FINALIZADO
	AL FINAL	PRÓXIMO	AHORA		
TAREA 1					
TAREA 2					
TAREA 3					
TAREA 4					
TAREA 5					

Nota. En esta figura se muestra la elaboración de un tablero más complejo en el que es posible registrar mayor cantidad de tareas, por lo tanto, debe establecerse un orden de prioridad para su cumplimiento.

Aplicación del método Kanban en tu vida

Como se mencionó anteriormente, este método puede ser utilizado efectivamente en tareas individuales o en actividades grupales; puedes hacerlo de forma digital en algún dispositivo personal o en red compartida si hay varios involucrados; también manualmente y tenerlo pegado en la sala de reuniones, en una oficina importante, en tu centro de producción o fabricación de tu producto, en la cocina o en el almacén, dependiendo de las características de tu negocio, verás cómo se incrementa la productividad y se consolida tu equipo de trabajo. Es una excelente estrategia para elevar el desempeño y alcanzar metas.

Actualmente existen muchas aplicaciones disponibles con diferentes nombres comerciales, que se puede descargar en un cualquier dispositivo; caso contrario, si tu preferencia es hacerlo manualmente, puedes hacer uno de la planillas que incluyo al final de cada método.

Capítulo 5.

Desarrollando la mejora continua

Si planteaste tus objetivos e hiciste el listado de todas las actividades que necesitas completar según alguno de los métodos revisados en el capítulo anterior, te habrás dado cuenta que el camino puede ser preparado por ti mismo para alcanzar lo que te propongas.

Un proceso de mejora continua exige realizar constantemente ciertas tareas, por ejemplo, actividad física o mental, el aprendizaje de un idioma, tocar un instrumento musical. La constancia lleva a un estado en el que se minimiza el margen de error y de pérdidas, en otras palabras, se adquiere destreza en las actividades.

Los métodos de los que se hablará en el presente capítulo fueron empleados en empresas industriales, en organizaciones que decidieron orientar sus procesos hacia la mejora continua, con la finalidad de "hacer cada vez mejor su manera de hacer las cosas". Las personas, integrantes de las organizaciones, que trabajaron con estos métodos se convirtieron en líderes, y esto hay que ponderar. Lo curioso es que quienes dan vida a estos procesos al interior de la empresa, en muchos casos, lo hacen viendo hacia fuera de sí mismos, o sea, los lentes con los que realizan los cambios están enfocados al 100% en la empresa, sin darse cuenta que puede aplicarse en el ámbito personal, con la gran finalidad de llegar a ser un mejor ser humano.

Cuando nos enfocamos en nosotros mismos buscamos la excelencia, nos concentramos en encontrar una filosofía de vida desde donde la excelencia trascienda a todos los ámbitos, pues cuando se anida en el ser, se convierte en parte de nuestra esencia, por lo tanto, actuamos de la misma manera en todas las facetas de la vida.

Esta es la tercera parte del sistema de crear contenido de vida que se presenta en este libro, donde se tiene las herramientas que nos ayudarán a ser mejores, a concentrarnos en lo que realmente valga e impulse la productividad personal que se basa en hábitos que se viven desde que nos levantamos hasta que cae la noche; asimismo coadyuvarán en nuestra habilidad para identificar lo que no genere valor en nuestra vida y desecharlo.

Método KAIZEN

El método Kaizen tiene el objetivo de maximizar la productividad mediante la mejora continua, reduciendo las actividades o tareas superfluas para acrecentar la capacidad personal o profesional. Con base en la esencia del método se puede mejorar la competitividad de una persona. Es una palabra compuesta de la derivación de dos kanjis japoneses: «KAI» significa cambio o reforma y «ZEN» es la sabiduría o bondad. Este método fue creado en Japón en la década de los 50, como una actitud de reconstrucción después de la Segunda Guerra Mundial[30].

Para alcanzar el éxito es necesario evolucionar, esto implica que las organizaciones y las personas realicen cambios constantes en el entorno para mejorar sus destrezas, adquirir nuevos conocimientos y herramientas, implementar nuevas tecnologías y desarrollarse. Todo esto incide positivamente en la calidad a través de la implementación de cambios continuos en la organización o en la vida de alguien que lo aplica en el ámbito personal.

Figura 11

Traducción del japonés de la palabra Kaizen

Nota. En esta figura se muestra la traducción del método de búsqueda de la mejora continua para alcanzar los objetivos.

El método Kaizen es una filosofía orientada a buscar el progreso desde el concepto de que cualquier cosa que se haga, sea lo que sea, siempre es posible mejorar, es básicamente un concepto de optimización, pero su particularidad es que al aplicarlo se avanza mediante breves procesos, de esta manera se obtienen grandes resultados.

30 Blog rockcontet, "*Descubre el método kaizen y sus beneficios*"

La cultura japonesa se caracteriza por su profunda visión filosófica del mundo, lo que le ha beneficiado con mentes brillantes; el método también puede interpretarse como una estrategia de organización y disciplina que disminuye los tiempos improductivos mejorando un sistema de producción, aquí entran al juego las cinco «S» del método, cada palabra representa un paso[31]:

- Seiri: clasificar lo útil y lo inútil.
- Seiton: ordenar lo útil y decidir sobre lo inútil.
- Seiso: mantener el orden y la limpieza.
- Seiketzu: cuidar la higiene y el aseo personal.
- Sheitzuke: fomentar la disciplina y el autocontrol para mejorar la productividad.

31 Blog rockcontet, "*Descubre el método kaizen y sus beneficios*"

Figura 12

Traducción del japonés de la palabra Kaizen

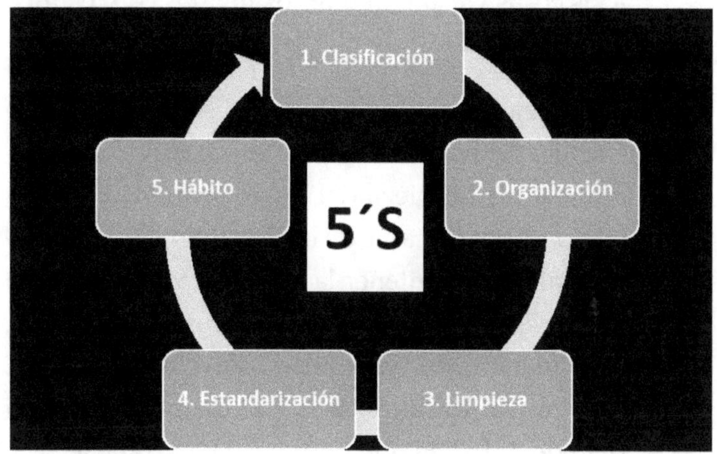

Nota. Esta figura muestra los pasos del método de búsqueda de la mejora continua de los sistemas de trabajo y del alcance de objetivos.

A continuación, se explica los cinco pasos:

1. Clasificación. Este primer paso está enfocado en los principios de separación y eliminación de lo innecesario con la consideración de que un entorno de trabajo ordenado y seguro solo requiere lo necesario para realizar la tarea que está destinada a ese espacio.

2. Organización. La filosofía de esta etapa se resume en la frase "un lugar para cada cosa y cada cosa en su lugar", es decir, que todo lo que se necesita para realizar un trabajo tenga la ubicación correcta, de este modo el funcionamiento será lo más

ágil posible, ya sea en el hogar o en el trabajo; todos los involucrados deben unificar cómo llamar a las cosas y estandarizar los lugares con los mismos criterios.

3. Limpieza. Este paso se refiere a solo lo necesario clasificado adecuadamente; es momento de ocuparse de la limpieza del lugar de trabajo, esta es una parte importante de la metodología; es fundamental para mantener la salud de todo el equipo e imprescindible para mantener su motivación. Una manera de empezar es clasificar las cosas, si se puede eliminar, se lo hace; si no, se crea un plan de limpieza que impida su recurrencia.

4. Estandarización. El proceso de estandarizar distingue fácilmente una situación "normal" de otra "anormal", es decir, que es necesario ser capaz de identificar cuándo las etapas anteriores se están aplicando correctamente y cuándo no. Esto se logra mediante la óptima comunicación entre todos los miembros de un equipo, y capacitación constante si se trata de una organización.

5. Hábito. Este paso requiere disciplina, no se lo forma de la noche a la mañana. Es importante para mantener limpio nuestro hogar o lugar de trabajo ordenado, así se genera un espacio mucho más agradable para convivir y se aumenta la productividad.

Lo interesante de estas cinco «S» es que no solo pueden aplicarse en un ambiente laboral, sino también en la vida personal. Siguiendo estos sencillos pasos, por ejemplo, se simplifica las tareas y se las asigna correctamente para lograr mayor efectividad en las labores. Se emplea el método todos los días para crear hábito; luego la organización, pues cuando todo está en orden es más fácil mantenerlo limpio. En estas condiciones se aumenta el rendimiento en las actividades puesto que se reduce la inversión de tiempo en la búsqueda de objetos, se estimula el bienestar, se genera un ambiente agradable que favorece la concentración y la reducción del estrés.

El empleo de este método requiere algunas herramientas para facilitar la organización, por ejemplo, el diagrama de Pareto, gráfica cuya finalidad es organizar valores de manera ascendente, descendente, de menor a mayor o de izquierda a derecha, para asignar un orden de prioridades, detectar el origen de las fallas y puntos de mejora. Su funcionamiento se basa en el método 80/20. Se explica que el 80% de las consecuencias se deben al 20% de las acciones. Esta herramienta es muy útil en el proceso de clasificación (Seiri) y organización (Seiton).

Otra excelente herramienta es el histograma o la representación gráfica de las variables que influyen y se evalúan en un proceso. Por lo general, en el eje de las abscisas (horizontal) se encuentran los valores de las variables que son objeto de estudio, y en el de coordenadas (vertical) se encuentran las referencias numéricas o frecuencias de cada dato. Permite analizar una gran cantidad de datos arrojando una visión clara y sencilla de su distribución.

También puede aplicarse el diagrama de Ishikawa, herramienta japonesa que se utiliza para identificar las causas de algún problema; se analiza causa-efecto (llamado también espina de pescado debido a su forma o diagrama de Ishikawa debido a su autor) Es útil para crear y clasificar gráficamente ideas o hipótesis acerca de las causas de un problema.

Básicamente, lo que se propone es eliminar las tareas que no agregan valor a las actividades para mejorar la productividad en una empresa o en el desarrollo personal; se enfoca en la simplificación de procesos y en la creatividad, sacando lo mejor de cada persona y poniéndolo en práctica hacia la excelencia.

Ventajas KAIZEN

La aplicación de este método brinda distintas ventajas:

- Reducción de los desperdicios o residuos al mejorar la capacidad de autogestión, las personas son más productivas, por ende, su trabajo genera menor cantidad de residuos.
- Crea líderes, este método forma líderes dentro de una organización con alto potencial para hacer crecer el grupo de trabajo.
- Fomenta valores personales y laborales, representa una mejora continua en los principios del

ser humano que luego son trasladados a todos los ámbitos de la vida, fortalece el compromiso y eficiencia de las personas.

- Crea hábitos positivos y constructivos, las personas hacen una costumbre de las actividades que realizan, entonces desarrollan sus habilidades y acrecientan su compromiso.
- Aumenta la competitividad, y la calidad de los resultados de las tareas.

Ejemplos KAIZEN

- Organización del trabajo en grupos. Una de las aplicaciones del método Kaizen, que puede llevar al éxito en el trabajo, es la organización de pequeños grupos que realicen distintas labores o proyectos, así se garantiza mayor integración de las personas, se favorece el trabajo en equipo, se fomenta la motivación, la creatividad y las habilidades sociales de cada uno de los miembros. En el caso de la aplicación personal es importante que las tareas de la casa se distribuyan entre todos los integrantes, incluso entre los niños, de modo que todos aporten al desarrollo y el mantenimiento del hogar donde se obtendrán los mismos beneficios que en una organización laboral.
- Fijación de objetivos. Principalmente se destaca de la filosofía Kaizen el establecimiento de un objetivo común, de manera que todas las personas aúnen fuerzas para alcanzarlo.

- En el siguiente ejemplo se muestra la evaluación que realizó una empresa. Se analizaron diferentes motivos por los que sus empleados llegaban tarde al trabajo durante un tiempo determinado, en este caso un mes. Se recurrió al diagrama de Pareto, cuadro de la figura 12, en la primera columna se apuntó los problemas que fueron reportados como justificativos para los atrasos; en la segunda columna, llamada frecuencia, el número de argumentos que los empleados presentaron como excusas, para el análisis se los ordenó de mayor a menor: Los problemas de tránsito denotaron 54 y las emergencias personales, 4; en la tercera columna se anotó el acumulado de las frecuencias; y en la última, los mismos valores acumulados transformados en porcentajes. Todos esos valores se exportan a un gráfico donde cada columna representa el tipo de incidencia reportada.

Siguiendo este método, en la figura 13 se pudo identificar que el 80% de los atrasos en la empresa, se deben únicamente al 20% de los motivos (tráfico y problemas familiares), resultados que pueden ser utilizados por la unidad de recursos humanos y otras áreas ejecutivas para establecer un plan de acción con la finalidad de concentrarse el 20% de los problemas para eliminar el 80% de las incidencias. Como se aprecia esta es una modalidad efectiva para solucionar problemas.

De la misma manera, cualquier persona puede aplicar el método para mejorar la puntualidad, reducir excesivos gastos o si se propone la optimización personal o empresarial.

Figura 13

Problemas reportados como justificativo de atrasos

PROBLEMA	FRECUENCIA	FRECUENCIA ACUMULADA	PORCENTAJE ACUMULADO
Tráfico	58	58	36%
Problemas familiares	49	107	67%
Transporte público	25	132	83%
Condiciones del clima	14	146	91%
Dormirse	10	156	98%
Emergencia personal	4	160	100%

Nota. En esta figura se muestran los problemas reportados como justificativos de los atrasos en que incurrieron los trabajadores de una empresa.

Figura 14

Aplicación del diagrama de Pareto

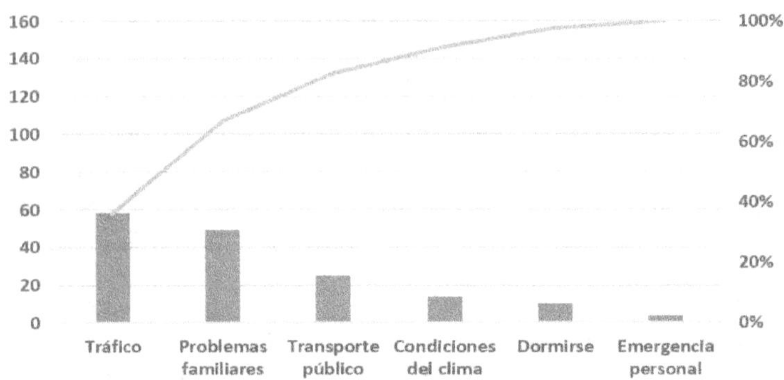

Nota. En esta figura se muestran los resultados de la aplicación del diagrama de Pareto para encontrar que el 20% de los justificativos abarcan el 80% de las incidencias.

- El Diagrama de Ishikawa presenta la relación entre el resultado no deseado o no conforme de un proceso (efecto) y los diversos factores (causas) que pueden contribuir a que se tenga ese resultado. Su relación con la imagen de una espina de pescado se debe al hecho de que las espinas pueden considerarse causas de los problemas planteados que contribuirán al descubrimiento de su efecto, además del formato gráfico que se asemeja al diseño de un esqueleto de pescado, en el caso de la figura 13, se muestra el ejemplo de un negocio en el que se intenta descubrir las causas de la fabricación de un producto defectuoso.

Figura 15

Aplicación del diagrama de diagrama de Ishikawa

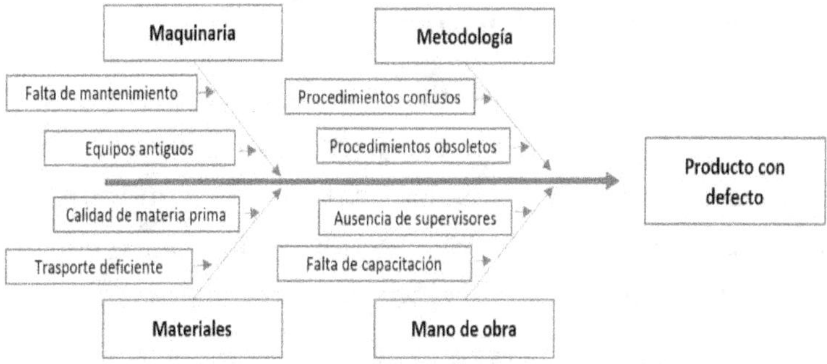

Nota. En esta figura se muestran los resultados de la aplicación del diagrama de Ishikawa para encontrar las causas del problema.

Aplicación del método Kaizen en tu vida

La esencia de este método es la optimización, la mejora continua y las herramientas Pareto e Ishikawa para detectar fallas, corregirlas y obtener los mejores resultados. Su aplicación ayudará a que todo el equipo de trabajo se involucre, colabore en el diseño de estrategias, mejore la producción y eleve sus ventas debido a la mentalidad de trabajar con confianza, alcanzando sus metas una y otra vez.

En el caso de aplicarlo en el hogar, contribuye a crear una cultura para asumir exitosamente cualquier desafío familiar, protege a sus miembros para que cuando se cometan errores o se cieguen por un desafío inesperado físico, financiero o social, la familia no se deje dominar por este, sino que tengan la capacidad de plantear unidos una estrategia y superar el problema, logrando hacerse más fuertes cada vez que superen la adversidad.

Método Design Thinking

Es un método para trabajar en equipo, maximiza la creatividad colectiva. Sucede a veces que personas brillantes, no rinden en trabajos grupales. Design thinking soluciona este problema definiendo pautas de cómo trabajar en grupo aplicando cinco principios básicos[32]:

- Definiendo roles de trabajo.
- Delimitando fases de trabajo.
- Definiendo pautas de comportamiento.
- Centrándose en el usuario.

El objetivo del método Design Thinking es encontrar soluciones a los problemas de las personas, para esto, se centra en conocerlas, pero hay ocasiones en que no siempre lo que las personas buscan es lo que necesitan para solucionar su problema. Por este motivo se requiere identificar las necesidades reales de cada persona para ofrecerle la mejor solución, sin embargo, no se olvide que un mismo producto o servicio puede ser aplicado a varios tipos de sujetos, es en este momento cuando la creatividad y la innovación tienen una función esencial[33].

32 Jose Berengues (2013). "*The Brown Bool of design thinking*" UAE University College

33 NEOLAND (2019). "*Design thinking: fases y ejemplos*" https://www.neoland.es/blog/design-thinking-fases-y-ejemplos

Se empezó a desarrollar teóricamente en la Universidad de Stanford en California (EEUU) a partir de 1970, su primera aplicabilidad con fines lucrativos como "Design Thinking" la llevó a cabo la consultoría de diseño IDEO, siendo hoy su principal precursora. Según Tim Brown, actual CEO de IDEO, el Design Thinking "Es una disciplina que usa la sensibilidad y métodos de los diseñadores para hacer coincidir las necesidades de las personas con lo que es tecnológicamente factible y con lo que una estrategia viable de negocios puede convertir en valor para el cliente, así como en una gran oportunidad para el mercado"[34].

El liderazgo es muy importante en la implementación del método Design thinking, pues las personas que tienen habilidades para guiar un grupo incentivarán el crecimiento significativo, alentarán la prueba de soluciones alternativas y nuevas metodologías, considerando que es probable introducir cambios para generar mayor valor.

Para poner en práctica esta metodología es necesario generar influencia mediante la escucha activa y la comprensión de las diferentes opiniones e inquietudes de todos, es decir, se requiere escuchar, preguntar, comprender y compartir con todo el grupo las ideas acerca de los objetivos que se tienen en común para decidir cuál será el camino a seguir.

34 DIINGO, "*Design Thinking*" https://www.designthinking.es/inicio/index.php

Figura 16

Definición de Design Thinking según Tim Brown

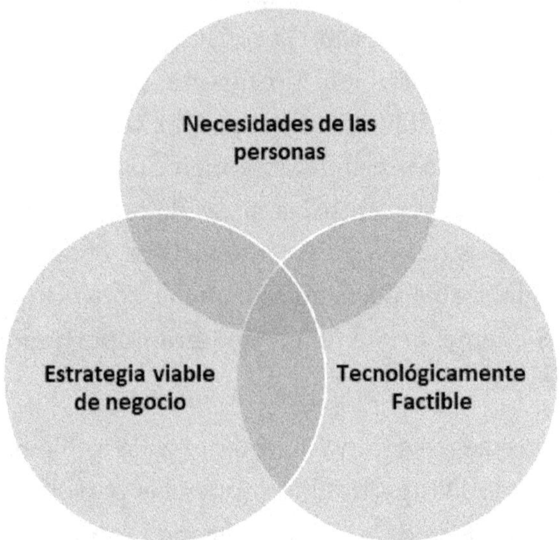

Nota. En esta figura se muestra la combinación de factores que involucran la esencia de la metodología Design thinking.

El proceso de Design Thinking se compone de cinco etapas. No es lineal. En cualquier momento, si se considera oportuno, se puede ir hacia atrás o hacia delante, saltando incluso a etapas no consecutivas. Se comenzará recolectando mucha información, generando gran cantidad de contenido, que crecerá o disminuirá dependiendo de la fase en la que se encuentre[35].

35 DIINGO, "*Design Thinking*" https://www.designthinking.es/inicio/index.php

Actualmente, las actividades se desarrollan en un ambiente tan competitivo y en constante cambio, que se requiere mucha creatividad para generar alternativas innovadoras de solución de problemas y sobresalir.

Figura 17

Etapas de la metodología Design Thinking

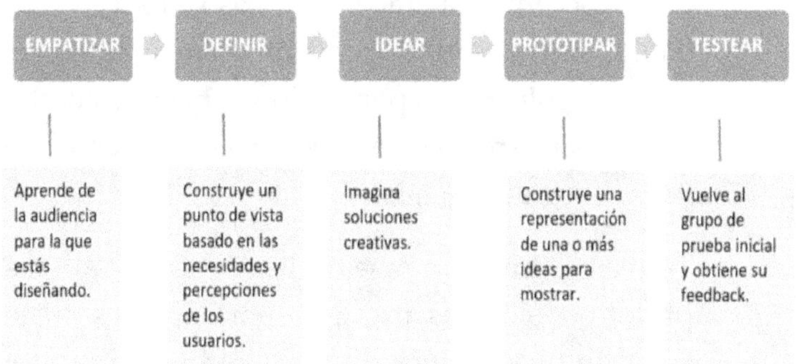

Nota. En figura se muestra las etapas y la explicación del contenido de cada una.

- Empatizar. El proceso de Design Thinking comienza con la profunda comprensión de las necesidades de los usuarios y del contexto. Es indispensable ubicarse en la piel de las personas para generar soluciones acordes a su realidad.

- Definir: Durante esta etapa se debe cribar la información recopilada durante la fase de Empatía y quedarse con lo que realmente aporta valor y conduce al alcance de nuevas e interesantes perspectivas. Se identificará problemas cuyas soluciones serán clave para la obtención de un resultado innovador.

- Idea: En la etapa de ideación se genera un sinfín de opciones. No es aconsejable quedarse con la primera idea. En esta fase las actividades favorecen el pensamiento expansivo que está libre de juicios. A veces, las ideas más estrambóticas son las que generan soluciones visionarias.

- Prototipo: En esta etapa las ideas se hacen realidad. Construir prototipos ayuda a visualizar las posibles soluciones poniendo de manifiesto elementos susceptibles de mejorar o refinar antes de llegar al resultado final.

- Testear: Durante la fase de testeo se probará los prototipos con los usuarios participantes en la solución que estemos desarrollando. Esta fase es determinante, favorece la identificación de mejoras significativas, fallos a resolver, posibles carencias. Durante esta fase se evolucionará la idea hasta convertirla en la solución que estábamos buscando.

Ciclo de Deming (PDCA)

El ciclo de Deming (de Edwards Deming), también conocido como ciclo PDCA (del inglés Plan-Do-Check-Act) o espiral de mejora continua, es un método basado en esta característica. Se sigue cuatro pasos, cuando se llega a la última etapa se inicia el ciclo nuevamente promoviendo autoevaluación para identificar oportunidades de mejora. Los resultados de la implementación de este ciclo permiten a las organizaciones una mejora integral[36].

La idea es lograr el mejoramiento continuo mediante la disminución de fallas, aumentando la eficiencia, planteando la solución de problemas y eliminando los riesgos potenciales. Cualquiera que sea nuestra ocupación, todos queremos ser eficientes en el trabajo, esto implica mejorar la productividad, que obviamente reporta más beneficios y satisfacción personal.

Figura 19

Ciclo de Deming

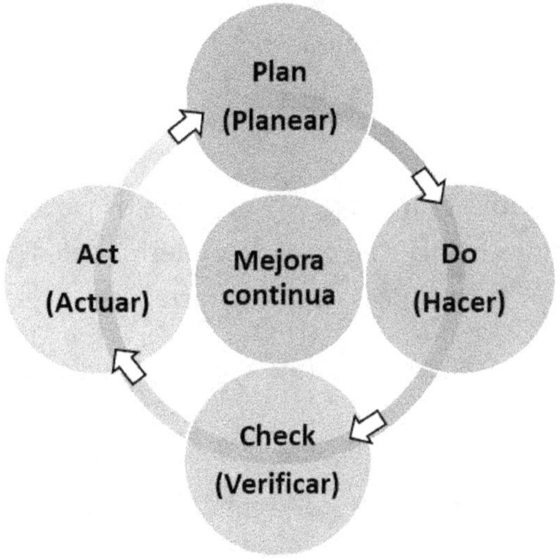

Nota. En esta figura se muestran las etapas de mejora continua de acuerdo con el ciclo de Deming, que se inicie nuevamente cuando se concluya la última etapa.

36 William Edwards Deming (1989) "*Calidad, Productividad y Competitividad: la salida de la crisis*"

A continuación, se explica cada una de las etapas del ciclo[37]:

Plan (Planificar), es la primera etapa del ciclo en que se establecen las actividades necesarias del proceso para obtener el resultado esperado en el que se basan las acciones; la exactitud y cumplimiento de las especificaciones a lograr también se convierten en un elemento a mejorar.

- Recopilar datos para profundizar en el conocimiento del proceso.
- Detallar las especificaciones de los resultados esperados.
- Definir las actividades necesarias para lograr el producto o servicio verificando los requisitos especificados.
- Establecer los objetivos y procesos para lograr resultados acordes con los requerimientos del cliente y las políticas de la organización.

Do (Hacer), es la segunda etapa del ciclo; en esta se hacen los cambios para implementar la propuesta, generalmente conviene hacer una prueba piloto para probar el funcionamiento antes de realizar los cambios a gran escala.

Check (Controlar o Verificar), es la tercera etapa del ciclo que sigue al tiempo establecido antes de la verifica-

37 William Edwards Deming (1989) "*Calidad, Productividad y Competitividad: la salida de la crisis*"

ción. Los datos de control son recopilados y analizados, comparados con los requisitos especificados inicialmente para saber si se cumplieron, entonces, se evalúa si se alcanzó la mejora esperada. Es oportuno monitorear continuamente la implementación y evaluar el plan de ejecución para documentar las conclusiones.

Act (Actuar), es la última etapa del ciclo en la que se toman decisiones a partir de los resultados de la fase anterior; se procede a recopilar lo que se aprendió y a ponerlo en marcha. También suelen hacerse observaciones y recomendaciones que sirven para retornar al paso inicial de planificación; así, el círculo fluirá. Actualmente algunos expertos prefieren denominar este paso con el término "Ajustar". Esto ayuda a las personas que se inician en el ciclo PDCA a comprender que la cuarta etapa tiene que ver con la idea de cerrar el ciclo con la realimentación para acercar los resultados obtenidos a los objetivos.

Ventajas del ciclo de Deming

- Mejora continua. Permite implementar soluciones constantes y actualizadas a los problemas, identificar y aprovechar los puntos fuertes. Gracias a esto, uno se mantiene a la vanguardia en su sector con estrategias que posteriormente se transforman en ventajas competitivas.
- Incremento de productividad. Permite detectar y solucionar problemas que perjudican la eficiencia de los procesos, de esta manera, se reduce tiempos y aplica técnicas que aporten más valor.

- Aplicación ilimitada. Se puede aplicar las veces que sea necesario y en cualquier actividad hasta perfeccionar las tareas en todos los ámbitos de la vida creando un engranaje efectivo con márgenes reducidos de error.

Aplicación de estos métodos en tu vida

Aplicando los métodos que se estudiaron, puedes buscar la mejora continua personal y la excelencia, esto implica, al mismo tiempo, encontrar una filosofía de vida, que trascienda a todos los ámbitos. Así, si das pasos cortos, continuos, si adquieres el hábito de identificar lo que no genera valor en tu vida, puedes enfocarte en lo que impulse tu productividad, alcanzar la eficiencia y satisfacción en las distintas esferas de la vida.

Debemos tomar en cuenta que siempre es posible mejorar, alcanzar esta mentalidad nos permitirá lograr grandes cosas, adquirir hábitos ganadores y descubrir nuestro máximo potencial generando los resultados que deseamos, convirtiéndonos en personas más productivas, creando un plan de acción mediante la determinación de objetivos, dejando de lado la procrastinación para avanzar organizando nuestras actividades y convertir la mejora continua en un estilo de vida.

Conclusiones

Fuimos creados para brillar, independientemente de creencias religiosas o ideologías políticas, no importa dónde nacimos ni las condiciones en las que vinimos al mundo. El universo es perfecto, basta mirar los ojos de un ser querido, de tus hijos, si los tienes, de tus padres, de un amigo o amiga, de la persona que te llama la atención, de alguien a quien admiras.

Te invito a que tomes unos minutos para hacerlo, y te darás cuenta de lo que digo, de que estamos aquí con un propósito; entonces, ¡vivamos una vida con propósito!

Si algo sale mal, se debe a que no es el momento ni el lugar indicado: si haces lo correcto, si actúas de buena fe, manteniendo la ética en tus acciones, después de pocos o varios intentos todo cambiará. No importa a lo que te dediques, hazlo con empeño, con la intención de servir, con pasión, con ética y responsabilidad; comprométete a ser la mejor vendedora, el mejor ingeniero, el mejor profesor, la mejor empresaria, el mejor jefe, la mejor mamá, etc.

Nadie dijo que la vida sería fácil, actualmente, las redes sociales inundan nuestro día a día con imágenes idealizadas de personas que muestran una serie de logros y estados, famosos, artistas deportistas, etc., y muchas veces esto parece inalcanzable. Lo cierto es que esas personas trabajaron por sus sueños, cada adversidad que se les presentó la consideraron un aprendizaje para seguir luchando; inicialmente, para ellos, fueron simplemente sueños, pero al trazar un plan de acción los transformaron en objetivos, y pudieron continuar pese a trastabillar y caer, pudieron levantarse y avanzar hasta llegar a su meta. Ellos sabían que sería complicado, pero conocían el camino, lo que les dio la sensación de que por más que se les complique el día o la semana, si se levantaban, se sacudían el polvo y el barro, podrían llegar a su cúspide. Por eso es importante que, si admiras a alguien, si tienes un modelo a seguir, que aprendas todas las enseñanzas que el camino le dejó; te sirvan de guía en el diseño de tus propios objetivos.

Es importante plantearse objetivos para no caer en la monotonía que suele llevar a la zona de confort donde se tiene la tentación de mantenerse porque aleja de los riesgos. Sin embargo, esta zona es peligrosa, interfiere en el crecimiento, atrae desmotivación, se pierde el interés de continuar, invade el desánimo ante todo lo que se presenta y se posterga todo.

En el inicio no lo notarás, pero un día te darás cuenta de que el tiempo transcurrió y te quedaste estancado. Para evitarlo, cuando sueñes y gestes proyectos, empieza a trabajar en un plan de acción para que tus anhelos se transformen en metas, y trabajes día a día hasta alcanzarlas.

Puedes realizar actividades a corto, mediano y largo plazo, estas te sacarán de tu zona de comodidad e ingresarás en un ciclo de motivación donde sentirás mucha energía para continuar, pues, paulatinamente, observarás resultados.

Precisamente, el propósito de esta obra es contribuir con elementos, métodos y estrategias para que diseñes tus objetivos, y avances desde donde estás hasta dónde quieres llegar, descubriendo tu potencial, alcanzando tu máximo rendimiento, plenitud, éxito y felicidad en todas las facetas de tu vida.

Esta obra es producto de años de investigación de expertos quienes diseñaron métodos que condujeron a muchas personas y organizaciones hacia el éxito. Iniciaron el cambio visualizando un objetivo, tomando consciencia de la realidad actual para transitar desde un estado presente a un estado deseado, transformando deseos en metas claras y convirtiendo sueños en realidad, haciendo énfasis en que todos somos capaces de soñar y de actuar.

Los métodos que se explicó fueron empleados con anterioridad, y actualmente recurren a estos las compañías más exitosas del planeta por la facilidad de aplicación y por los excelentes resultados que traen consigo. ¡Ah! también puedes emplearlos en tu desarrollo personal, profesional, en tu negocio, proyectos, para mejorar tu productividad si eres trabajador independiente, o si trabajas en una empresa, ser líder para el crecimiento de la organización alcanzando magnífico desempeño que te lleve a desarrollar tu potencial en el proceso de descubrimiento de habilidades.

Además, si trabajas a tiempo completo puedes emplear estas herramientas para organizar tus actividades, definir tus prioridades, asignar un espacio para tu familia, ejercicios, hobby entre otros con el afán de que también vivas plena y felizmente en el ámbito personal. Te convertirás en referente para la sociedad; en líder resonante, en líder de servicio.

Todo funciona en sincronía perfecta que muchas veces no entendemos, así que, ánimo y vamos adelante que la vida es una y hay que disfrutarla, dar más de nosotros con victoria, sin amarguras y con libertad plena. QUE ASÍ SEA.

Bibliografía

Francisca de la Vega Planet (2020) Periodista Campus Sur, Facultad de Ciencias Forestales y de la Conservación de la Naturaleza, Universidad de Chile. *Las abejas trabajan en equipo con organización y comunicación.* http://www.forestal.uchile.cl/noticias/163628/las-abejas-trabajan-en-equipo-con-organizacion-y-comunicacion

[2] Johnson's® (2004) *Your Baby and Toddler from Birth to 3 Years,* DK Publishing Inc.
https://www.johnsonsbaby.es/jugar-y-aprender/cuando-empiezan-andar-bebes

[3] Redacción BBC Mundo (2015) ¿Cuántas horas necesitamos dormir según nuestra edad?
https://www.bbc.com/mundo/noticias/2015/02/150209_salud_horas_de_sueno_dormir_il

[4] Charlotte Lieberman (2019) The New York Times. *Procrastinar no es un asunto de holgazanería, sino de manejo de las emociones.*
https://www.nytimes.com/es/2019/03/26/espanol/como-evitar-la-procrastinacion.html

[5] John C. Maxwell (1996) *Desarrolle el líder que está en usted,* p. 6

[6] Escuela Europea de Excelencia (2025) *Qué es el liderazgo, aspectos más relevantes.*
https://www.escuelaeuropeaexcelencia.

com/2015/08/que-es-el-liderazgo-aspectos-relevantes/

[7] Wikipedia
https://es.wikipedia.org/wiki/Will_Smith

[8] Wikipedia
https://es.wikipedia.org/wiki/Lance_Armstrong

[9] Fox News.com (2008), *Madonna Biography, Discography, Filmography*
http://www.foxnews.com/story/0,2933,193740,00.html?sPage=fnc.entertainment%2Fmadonna

[10] Taraborelli, Randy J. (2002) *Madonna: An Intimate Biography*, p. 11 - 13.

[11] Marta Guerri (2021) ¿Qué son las emociones?
https://www.psicoactiva.com/blog/que-son-las-emociones/

[12] Martha Thomen Bastardas (2019) ¿Emociones positivas y negativas: definición y lista?
https://www.psicologia-online.com/emociones-positivas-y-negativas-definicion-y-lista-4532.html

[13] Mauricio Hubard (2020) *El valor del fracaso*. Revista digital Expansión
https://expansion.mx/opinion/2020/01/23/el-valor-del-fracaso

[14] RevistaFucsia.com, *El éxito y el fracaso.*
https://www.fucsia.co/belleza-y-salud/bienestar/articulo/el-exito-fracaso/7117

[15] Mauricio Hubard (2020) *El valor del fracaso.* Revista digital Expansión https://expansion.mx/opinion/2020/01/23/el-valor-del-fracaso

[16] Lizette Sarmina (2021) *"¿Cómo deberíamos medir el éxito?"* https://www.linkedin.com/pulse/c%C3%B3mo-deber%C3%ADamos-medir-el-%C3%A9xito-lizette-sarmina/?originalSubdomain=es

[17] Código de Ética International Coaching & Mentoring Federation, p. 4.

[18] Equilibrio y Desarrollo vía Coaching, *Breve Historia del Coaching,* https://equilibrioydesarrollo.com/breve-historia-del-coaching/

[19] Sara Tarrés (2020) *"Juegos para fomentar la autoestima en los niños".* https://www.guiainfantil.com/articulos/educacion/autoestima/juegos-y-actividades-para-fomentar-la-autoestima-en-los-ninos/

[20] Melanie Amaya (2019) *"Líder Coach: 11 técnicas que puedes aplicar hoy"* https://amayaco.com/lider-coach

[21] Doran, G.T. (1981) *"There's an S.M.A.R.T. way to write management's goals and objectives".* Management Review

[22] Bogue, Robert (2018) *"Use S.M.A.R.T. goals to launch management by objectives plan".*

[23] Sir John Whitmore, "*Challenging Coaching*" y "*Coaching at Work*".

[24] Daniel Colombo, "*Método Grow para la mejora personal y profesional*" https://www.danielcolombo.com/que-es-el-metodo-grow-para-la-mejora-personal-y-profesional-por-daniel-colombo/

[25] Lauren Moon (2019), "*Cómo usar la matriz de Eisenhower para priorizar tareas*" https://blog.trello.com/es/matriz-eisenhower

[26] DrobBox "*Qué es la matriz de Eisenhower*" https://www.dropbox.com/es/business/resources/eisenhower-matrix

[27] Francisco Sáez, "*La Matriz de Gestión del tiempo*" https://facilethings.com/blog/es/time-management-matrix

[28] Héctor Fernandez, "*Matriz de Eisenhower para priorizar tareas*" https://economiatic.com/matriz-de-eisenhower/

[29] Héctor Fernandez, "*Matriz de Eisenhower para priorizar tareas*" https://economiatic.com/matriz-de-eisenhower/

[30] Blog Kanbanize "*Qué es Kanban: Definición, Características y Ventajas*" https://kanbanize.com/es/recursos-de-kanban/primeros-pasos/que-es-kanban

[31] Schaub, Willy-Peter (2020) "*How does kanban relate to DevOps?*"

[32] Blog Kanbanize "*Qué es Kanban: Definición, Características y Ventajas*"
https://kanbanize.com/es/recursos-de-kanban/primeros-pasos/que-es-kanban

[33] David Anderson (2003) "*Agile Management for software Engineering: Applying the Theory of Constraints for Bussines Results*".

[34] David Anderson (2010) "*Kanban – Succesful Evolutionary change for yor technology business*"

[35] David Anderson (2010) "*The principles of de Kanban method*"
https://web.archive.org/web/20140114161522/http://www.djaa.com/principles-kanban-method

[36] Shingo, Shigeo (1989). "*A Study of the Toyota Production System from an Industrial Engineering Viewpoint*".

[37] Blog rockcontet, "*Descubre el método kaizen y sus beneficios*"

[38] Blog rockcontet, "*Descubre el método kaizen y sus beneficios*"

[39] Blog rockcontet, "*Descubre el método kaizen y sus beneficios*"

[40] Jose Berengues (2013). "*The Brown Bool of design thinking*" UAE University College

[41] NEOLAND (2019). *"Design thinking: fases y ejemplos"* https://www.neoland.es/blog/design-thinking-fases-y-ejemplos

[42] DIINGO, *"Design Thinking"* https://www.designthinking.es/inicio/index.php

[43] DIINGO, *"Design Thinking"* https://www.designthinking.es/inicio/index.php

[44] Gamaliel Vesga (2021), *"OKR: Qué son, su uso"*

https://gestion.pensemos.com/okr-que-son-uso-y-5-ejemplos-reales

[45] Patricia Galiana (2021), *"Qué son los OKR´s"* https://www.iebschool.com/blog/que-es-metodologia-okr-rrhh-2-0/

[46] William Edwards Deming (1989) *"Calidad, Productividad y Competitividad: la salida de la crisis"*

[47] William Edwards Deming (1989) *"Calidad, Productividad y Competitividad: la salida de la crisis"*

Julio Arrázola es ingeniero, especialista en estudios y desarrollo de proyectos, Master en Administración de Empresas, Conferencista, Disertante en cursos de capacitación, Coach Ejecutivo y Organizacional, Especialista en Inteligencia Emocional. Cuenta 10 años de experiencia en el trabajo con equipos multidisciplinarios en empresas públicas y privadas; está comprometido con el desarrollo personal, la mejora continua y el alcance de objetivos y el liderazgo de servicio.

Fuimos creados para brillar, independientemente de creencias religiosas o ideologías políticas, no importa dónde nacimos ni las condiciones en las que vinimos al mundo. El universo es perfecto, basta mirar los ojos de un ser querido, de tus hijos, si los tienes, de tus padres, de un amigo o amiga, de la persona que te llama la atención, de alguien a quien admiras.

Te invito a que tomes unos minutos para hacerlo, y te darás cuenta de lo que digo, de que estamos aquí con un propósito; entonces, ¡vivamos una vida con propósito!

Precisamente, el propósito de esta obra es contribuir con elementos, métodos y estrategias para que diseñes tus objetivos, y avances desde donde estás hasta dónde quieres llegar, descubriendo tu potencial, alcanzando tu máximo rendimiento, plenitud, éxito y felicidad en todas las facetas de tu vida.

El presente libro CREANDO CONTENIDO DE VIDA se terminó de imprimir el mes de mayo de 2022 en la planta industrial de Nexo Editores Bolivia,
Auquisamaña zona Sur
La Paz - Bolivia

El propósito de esta obra es contribuir con elementos, métodos y estrategias para que diseñes tus objetivos, y avances desde donde estás hasta dónde quieres llegar, descubriendo tu potencial, alcanzando tu máximo rendimiento, plenitud, éxito y felicidad en todas las facetas de tu vida.

Puedes iniciar el cambio visualizando un objetivo, tomando consciencia de la realidad actual para transitar desde un estado presente a un estado deseado, transformando deseos en metas claras y convirtiendo sueños en realidad, haciendo énfasis en que todos somos capaces de soñar y de actuar.

Los métodos que se explicó fueron empleados con anterioridad, y actualmente recurren a estos las compañías más exitosas del planeta por la facilidad de aplicación y por los excelentes resultados que traen consigo. ¡Ah! también puedes emplearlos en tu desarrollo personal, profesional, en tu negocio, proyectos, para mejorar tu productividad si eres trabajador independiente, o si trabajas en una empresa, ser líder para el crecimiento de la organización alcanzando magnífico desempeño que te lleve a desarrollar tu potencial en el proceso de descubrimiento de habilidades.

Además, si trabajas a tiempo completo puedes emplear estas herramientas para organizar tus actividades, definir tus prioridades, asignar un espacio para tu familia, ejercicios, hobby entre otros con el afán de que también vivas plena y felizmente en el ámbito personal. Te convertirás en referente para la sociedad; en líder resonante, en líder de servicio.

NEXO EDITORES
BOLIVIA

www.ingramcontent.com/pod-product-compliance
Lightning Source LLC
LaVergne TN
LVHW012110160826
845678LV00014B/3026

* 9 7 8 9 9 1 7 0 1 6 8 6 1 *